1

Creación de Aulas Virtuales Con PETIC

TIC TAC Paso a Paso…
Con la Tecnología de Google.

William de Jesús Vélez Ruíz
[WillVeRu]

¡Sorprende a tus alumnos!

Crea Tu Aula Virtual completamente operativa y en pocos minutos…
¡Es GRATIS, sólo inviertes algo de tiempo!

Agradecimientos

Doy gracias a Dios Todopoderoso por su Presencia permanente en mi vida, su Respaldo y su constante Bendición Espiritual y material.

A mi Esposa Nancy Yaneth por ser mi Amor, mi socia, mi compañera, mi confidente y mi soporte emocional.

A mis hijas Julie Andrea y Adriana Alejandra por creer en mis proyectos.

Gracias a todos mis familiares, amigos y personas que de una manera u otra han estado brindando su apoyo para qué mis objetivos se cumplan.

Y a ti mi estimado docente por adquirir este libro, llevarlo a la PrácTIC@ y compartirlo con tus estudiantes, amigos, colegas y familiares, se qué te será de gran ayuda para tu proyecto de vida como educador.

William de Jesús Vélez Ruíz
[WillVeRu]

Creación de Aulas Virtuales Con PETIC
TIC TAC Paso a Paso… Con la Tecnología de Google.

Primera edición, 2014

Autor: William de Jesús Vélez Ruíz.

Colección: "Guías PrácTIC@s WillVeRu"

ISBN 978-958-46-4922-5

Prólogo

Te presentamos La Plataforma Educativa TIC [PETIC] Plantilla creada con la herramienta Google Sites™, una aplicación con la que crear y publicar *Tu Aula Virtual* resulta algo tan sencillo como editar un documento en cualquier procesador de texto conocido. Con PETIC, puedes recopilar en poco tiempo gran variedad de información en un sólo sitio (incluyendo vídeos, calendarios, presentaciones, archivos adjuntos o texto) y compartirlos fácilmente, ya sea para editarlos o simplemente para visualizarlos por tu grupo de Alumnos, los miembros de tu Institución Educativa o el mundo entero.

"Crear una Aula Virtual para trabajo en equipo, siempre había sido algo complicado que requería una infraestructura particular de hardware y software además de conocimientos de programación. Ahora, con PETIC, tu puedes crear una Aula Virtual y personalizarla en cuestión de minutos, puedes invitar otras personas a colaborar en el proceso, otros compañeros docentes e incluso a tus propios Alumnos."

Publicar, crear y editar las páginas web para tu Aula Virtual con PETIC no requiere nociones de *HTML* ni de diseño web. Tu puedes construir tu propias páginas para tu Aula con un sólo clic de ratón. Además, el añadir contenidos es tan sencillo como pulsar en el botón de editar. Lo mismo sucede con la opción de compartir contenidos, que es tan simple como mandar una invitación. Este contenido es inmediatamente accesible para los buscadores y PETIC se puede utilizar desde cualquier navegador, pero se recomienda el uso de Google Chrome™ para lograr un mejor aprovechamiento de todos los recursos y herramientas TIC que disponemos con Google Apps™.

Continúa leyendo y poniendo en prácTIC@ los pasos y procedimientos expuestos en este libro y lograras tu meta de ser un Docente del Siglo 21.

WillVeRu

William de Jesús Vélez Ruíz

Introducción

El TIC TAC Paso a Paso con la Tecnología de Google.

- **TIC**: Tecnologías de la Información y la Comunicación
- **TAC**: Tecnologías Aplicadas a la Capacitación
- **PETIC**: Plataforma Educativa TIC

"Las Nuevas Generaciones Son Digitales... Educación Virtual La Mejor Alternativa para Complementar La Educación Tradicional"

Debemos Educar a los Ciudadanos del Mañana con Herramientas del Futuro, las Aulas Virtuales nos ofrecen la oportunidad de brindar a los estudiantes y docentes entornos personalizados de aprendizaje que los acercan a su futuro inmediato, hoy es una realidad de la educación y es a la vez el principio del desarrollo educativo...

Las nuevas generaciones viven en un mundo digital, son visuales y se aburren en clase. La Solución: Modernizar la propuesta pedagógica para enfrentar esta realidad.

Educación Virtual La Mejor Alternativa: Es así como a través de la plantilla gratuita de la **Plataforma Educativa TIC (PETIC)** del Grupo Editorial Web EditorBlogger.com (G.E.W.E.B.) y desarrollada con **La** Tecnología de Información y Comunicación Google Apps Educación™ disponemos de los recursos técnicos, el alojamiento web, la capacitación, la experiencia y **la oportunidad de implementar Aulas Virtuales de una manera Práctica e Inmediata.**

¿Por qué el uso de tecnologías en el proceso de aprendizaje de las nuevas generaciones?

La tecnología ha creado una dinámica en la cual las nuevas generaciones tienen unas expectativas y una visión del mundo muy diferente a la de sus antecesores.

Reconozcamos que las generaciones actuales son absolutamente audiovisuales. Es la realidad. La imposición de imágenes en la mente y en el cerebro empieza desde la temprana edad, desde que los niños empiezan a ver la televisión. Inmediatamente saltan al Juego de consola, al iPod, al Computador, las Tabletas y demás Dispositivos Tecnológicos… Es una generación a la cual no es sencillo llegar. A raíz de esto, se hace exponencialmente menos simple lograr motivar a los niños y jóvenes a aprender.

Esta es la realidad generacional actual. La Institución Educativa que no la acepte, quedará rezagada.

Por eso, el gran desafío que enfrenta la educación es el de mantener la motivación del alumnado para que constantemente estén aprendiendo, en el contexto de un modelo de educación que no ha sido reformado en los últimos años. Es una realidad que está enfrentando la comunidad educativa, actualizar el sistema en sus instituciones educativas.

¿Es la tecnología aplicada a la Educación Virtual una respuesta a superar este reto?

En la actualidad la educación pasa por una dificultad grande, que comienza en la primaria y continúa en el bachillerato. Desde edades muy tempranas los niveles de deserción de las escuelas son altos. Una razón importante se debe a la poca motivación que se logra en una clase presencial común, con un docente exponiendo su clase, en una sola vía, mientras el alumno se distrae de alguna manera perdiendo rápidamente el interés y la atención.

Tenemos que reconocer que estamos enfrentando un cambio generacional fundamental, que arrancó con la expansión del acceso a Internet y con la llegada de dispositivos que permiten interactuar de manera visual y en tiempo real con distintas fuentes de información. Es la novedad, el boom que vivimos y continuaremos viviendo.

La educación virtual está orientada a la aplicación del conocimiento desde una modalidad de trabajo y comunicación asincrónica, de manera diferida en el tiempo y la distancia. Maximizando y complementando las posibilidades que ofrece la docencia tradicional, dando de paso, cobertura a la comunicación e interacción entre los participantes del Curso virtual (*Ciber Estudiantes y Ciber Tutores*) y esto refuerza la motivación.

No quiere decir que no debamos darles las bases a los alumnos para leer, sumar, restar y demás y para eso la tecnología puede ayudar mucho en crear motivación. Sin embargo, el esquema va más allá, va al hecho de mostrar cómo a través de una educación virtual puede dársele *la oportunidad a un estudiante de entrar a aplicar lo que está aprendiendo*. Como ejemplo tenemos el caso de *Bill Gates,* él se retiró de la universidad esencialmente porque estaba cansado de estudiar matemáticas que no eran aplicadas.

Se trata de activar el conocimiento en la vida real. No hay que esperar un cuarto de siglo para empezar, *se puede arrancar desde ahora mismo*. Existe la idea de que es necesario esperar un largo periodo de tiempo para que el conocimiento llegue a ser útil.

¿Ocurre el aprendizaje sólo en el aula física? ¿Va la enseñanza más allá de la Institución Educativa?

La idea de que el aprendizaje tiene que ocurrir únicamente en un aula física es a estas alturas incompleta.

El aprendizaje se da durante las 24 horas y es mejor para quienes tienen acceso a las herramientas la Tecnología de Información y Comunicación. Un estudiante motivado por las nuevas tecnologías; niño, joven o adulto, llega a la casa y se sienta frente al computador a trabajar en su proyecto de clase y asume una responsabilidad por lo que está haciendo.

Los estudiantes aprenden que el conocimiento que adquieren lo deben aplicar dentro y fuera del colegio. Así lo hace la metodología de la *Ciber Academia*. Cada Ciber Estudiante tiene la responsabilidad y posibilidad de recrear su propio proceso de aprendizaje. Existe un Tutor, pero la responsabilidad y el interés principal es del Ciber Estudiante.

A partir de allí todo cambia, por ejemplo, los estudiantes de Instituciones que ya aplican las nuevas *Tecnologías de Educación Virtual Complementaria*, encuentran dentro de sus aulas de clase unas bahías y conexión WiFi a Internet, en las cuales pueden desde su computador portátil o tabletas, interactuar como pares en sus grupos de estudio. Hay profesores que proveen, el contexto o la asistencia, pero no hay clases de una sola vía.

¿Se debe permitir que el estudiante sea cada vez más autónomo en su proceso de aprendizaje?

La respuesta es ¡Sí!

El estudiante tiene la posibilidad de apersonarse de cómo aprender y cómo profundizar en su aprendizaje. Allí es donde la tecnología se vuelve importante y dónde estamos ante un momento histórico. Se ha hablado mucho como la imprenta de Gutenberg democratizó el acceso a la información al poder imprimir una o más copias de un libro, pero ahora estamos en el máximo punto de oportunidad.

Tenemos la oportunidad de acelerar el aprendizaje a pesar del caos y la sobreabundancia de conocimiento e información. Hoy, casi instantáneamente, podemos acceder a cualquier tema si nos lo proponemos. *El dilema es cómo aprender algo útil en medio de tanta información y cómo tomamos el control de dicha información.*

Es de destacar que la tecnología no es más que un medio. Hay millones de personas en el mundo que tienen acceso a un computador o dispositivo conectado a Internet. Esto, en sí mismo, constituye una revolución y una oportunidad de llegarles con la educación dirigida y organizada virtualmente.

¿Es factible el uso de Internet para Educar?

Los costos de la tecnología han disminuido sorprendentemente tanto que hoy es posible tomar decisiones inmediatamente: Decidir que cada estudiante puede tener acceso un computador portátil, un Chromebook o una tableta. Y no sólo el dispositivo físico, decidir cambiar el modelo de educación y hacer la transición de un sistema 100% presencial a otro basado en el descubrimiento de las capacidades para el aprendizaje que tiene cada alumno, a un sistema Semi-presencial o a distancia vía Internet.

Algunos países como Noruega o Finlandia han reconocido el acceso a internet como un derecho humano, por la capacidad que brinda de poder interconectarse con el mundo.

No basta con comprar y dotar las escuelas con computadores o tabletas y suministrar el acceso a Internet, hay que crear el entorno virtual adecuado para que los estudiantes asuman la responsabilidad por su propio aprendizaje.

Se sabe que no a todos los estudiantes les agrada leer. Esto hace parte del fenómeno de una nueva generación audiovisual que no está muy alentada a leer. Se sabe que lo que hacen es leer de forma más corta. Leen menos libros, pero cuando se interesan en un tema lo investigan a profundidad, desde diferentes fuentes, no sólo en los libros, sino consultando por Internet.

¡Únete a la Ola del Conocimiento Virtual! Pasa la Ola…

Internet Para Educar a través de la *Plantilla de la Plataforma Educativa PETIC*, pone a disposición de la comunidad educativa o docentes independientes la posibilidad de alcanzar sus objetivos para la Educación del Siglo 21. *La Plantilla PETIC está disponible de manera GRATUITA* para ser usada ilimitadamente para una amplia variedad de cursos y materias.

Las herramientas tecnológicas online, dispuestas y diseñadas por *GOOGLE Inc*, mediante las cuales es posible ampliar, profundizar y generar conocimiento desde una modalidad de trabajo y comunicación asincrónica, maximizan por tanto, las posibilidades que ofrece la docencia tradicional actual, dando de paso, cobertura a la comunicación e interacción entre los participantes de la educación virtual, los Ciber Estudiantes y los Ciber Docente.

De esta forma iniciamos... **El Programa de Capacitación para el proceso Enseñanza-Aprendizaje B-Learning** *"The Virtual Knowledge Wave"* **(La Ola del Conocimiento Virtual)** con esta Guía PrácTIC@ WillVeRu *"Creación de Aulas Virtuales con PETIC"*, iniciativa que pretende facilitar la implementación de aulas virtuales de aprendizaje donde el conocimiento sea *de fácil acceso para todos los docentes de todas la áreas, pues no se requiere de conocimientos avanzados en Sistemas de Información.*

WillVeRu
www.InternetParaEducar.com

Las Guías Practicas WillVeRu incluyen una serie de iconos que llaman la atención sobre párrafos que contienen datos relevantes para el aprendizaje del lector.

¡Nota muy Importante! Ten muy en cuenta esta información.

Para aprender más acerca de... visita las paginas en Internet sugeridas aquí.

Sigue las instrucciones Paso a paso, y no te detengas hasta completar el proceso practico.

Capítulo 1

1. Las Tecnologías de la Información y la Comunicación (TIC)

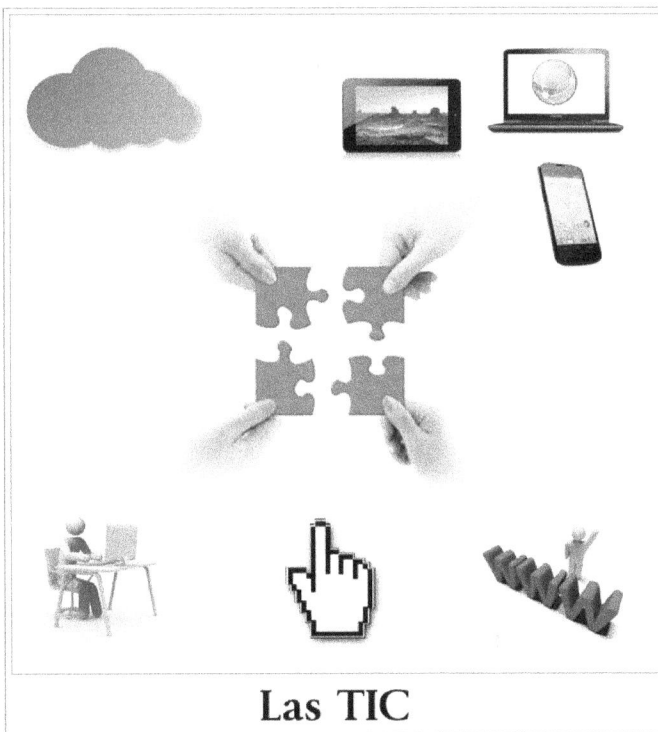

Las TIC

1.1 La Tecnología

La Tecnología Google Apps para la Educación: Las Aplicaciones en la Nube es la tendencia que está permitiendo la utilización de las herramientas para uso educativo y empresarial. Una cuenta de Google, nos abre una puerta al universo online.

Características Técnicas	Descripción
Tecnología utilizada	Aplicaciones integradas para la Gestión de la Información y Comunicación con la Tecnología de Google Apps™.
Actualizaciones	Cada vez que se produzcan nuevas funcionalidades automáticamente será actualizado todo el sistema de aplicaciones, sin costo.
Requisitos de bases de datos/software en el servidor	*No se requiere* de adecuación ni mantenimiento de centros de almacenamiento de datos (Servidores), ni de licencias de software para los ambientes educativos, ni las aplicaciones de creación y edición de contenidos.
Requisitos de software en los alumnos, profesores y administradores	Se recomienda el uso del Navegador Web Google Chrome™ por su capacidad de ejecutar este tipo de aplicaciones en la nube.
Adaptable a las especificaciones de cada institución	Todo el ambiente virtual se puede modificar fácilmente, igualmente los textos y material académico que se publiquen en la plataforma se podrán adaptar a su propia terminología y metodología académica.
Multidioma	Además del español e inglés, podrá usarse en la mayoría de idiomas existentes.
Accesibilidad web	Accesible desde múltiples dispositivos móviles con conexión a Internet, Teléfonos Inteligentes, Tabletas, PC de escritorio, Computadores portátiles, Chromebooks™, etc.

1.2 La Información

La importancia del manejo adecuado de la información y la seguridad de los datos: Las aplicaciones han sido diseñadas específicamente para mantener su información segura y bajo su control. Usted es el propietario de su información y las herramientas de Google Apps le permiten tener el control, usted decide con quién y cómo se comparten sus datos.

Característica de Herramientas Académicas	Descripción
Temario o tabla de contenidos del curso	Creación y publicación del temario del curso en módulos donde el profesor puede intercalar lecciones, cuestionarios, exámenes, trabajos, foros o encuestas.
Glosario de términos	Cada alumno puede consultar o participar en la incorporación de contenido en un wiki glosario con los términos y definiciones más importantes del curso.
Biblioteca de archivos o enlaces	Documentos y enlaces útiles para el alumno y que el profesor puede ir enriqueciendo conforme avance el curso.
Preguntas más frecuentes (FAQs)	El profesor puede crear una página FAQ (Preguntas y Respuestas Frecuentes) o convertir una pregunta enviada por un alumno y su respuesta en una FAQ.
Calendario del curso	Completo sistema de gestión de uno o más calendarios de eventos, con capacidad para categorizar el tipo de evento y de compartirlos vía SMS o correo electrónico.
Certificados académicos generados en PDF de forma automática	Los alumnos pueden descargarse su certificado académico en formato PDF al finalizar el curso, o recibirlo por e-mail o visualizarlo como página web en una dirección URL con acceso público, restringido o privado.

19

Característica de Herramientas de administración	Descripción
Distintos perfiles de usuario	Creación de diferentes perfiles o niveles de seguridad a nivel de cuentas de usuario, del sitio o a nivel de páginas para grupos de alumnos, profesores, autores y administradores.
Fácil configuración, gestión y administración de la plataforma	La creación de contenidos, la publicación en la plataforma y toda su gestión se hace a través de Internet sin necesidad de conocimientos informáticos avanzados.
Diferenciación entre autores y profesores	Puede darse el caso de que autor y profesor pueden ser el mismo usuario. Los autores son los creadores de los contenidos didácticos del curso, mientras que los profesores son los encargados de evaluar y realizar el seguimiento de los alumnos.
Posibilidad de importar/exportar datos	Se facilita la tarea de introducir o extraer datos de la plataforma. De esta forma se permite una integración con otras herramientas (por ejemplo con Microsoft Office o Acrobat Reader).

1.3 La Comunicación

La importancia de la comunicación: Ya sea que estén cerca o lejos, los estudiantes y el personal docente pueden organizar sesiones de chat de vídeo improvisadas o programadas directamente desde la bandeja de entrada de Gmail, o trabajar sobre el mismo documento y editarlo juntos como si estuvieran sentados frente a la misma computadora.

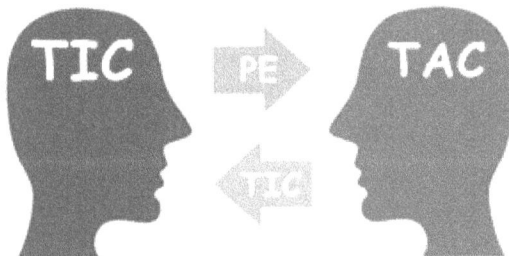

Característica de Herramientas de comunicación	Descripción
Sistema de mensajes interno	Además del servidor de correos, los usuarios pueden comunicarse a través de todo un completo sistema de mensajería online donde podrán intercambiar documentos, calendarios, archivos, etc.
Foros de debate	Cada alumno y profesor puede leer o publicar información referida al foro en cuestión. De esta forma, cada usuario puede expresarse libremente, enviar respuestas o comentarios a las mismas. Permitiendo que el alumno pueda resolver dudas que no a lo mejor no se atreva a preguntar en una clase presencial.
Canales de chat	Los integrantes de un curso pueden comunicarse de forma online, bien sea para tutorías por parte del profesor o libremente entre ellos. Los alumnos o el profesor en sus propias cuentas podrán guardar si lo desean las conversaciones para ser consultadas por los alumnos o el docente posteriormente.
Videoconferencias	El profesor y alumnos pueden comunicarse con webcam y audio, usando el sistema de videoconferencia individual o grupal (10 integrantes) mediante la aplicación Google Hangouts™. Podrá ser grabada y transmitida en directo o en diferido vía Youtube™, para ser visualizada por cientos de personas, quienes podrán participar con sus comentarios durante y después de la transmisión.
Realización de encuestas	Los profesores, coordinadores académicos o administradores de la Institución pueden crear encuestas para consultar la opinión de los alumnos y padres de familia.
Foro Institucional y Red Social para comunicarse.	El Foro Institucional y la Red Social Google+™. Mediante los Foros temáticos, Comunidades y Círculos sociales podrán interactuar y relacionarse padres de familia, alumnos y profesores.

Capítulo 2

2. TIC TAC... Tecnologías de la Información y la Comunicación Aplicadas a la Capacitación mediante la Plataforma Educativa TIC (PETIC).

2.1 Plataforma Educativa TIC [PETIC]

Con **PETIC** disponemos de una completa herramienta para la creación y gestión de Campus Educativos permitiendo la interacción de profesores y alumnos en actividades de enseñanza-aprendizaje. Gracias a PETIC tenemos la posibilidad de integrar, organizar, registrar y hacer seguimiento tanto de los alumnos como los docentes y de los contenidos publicados.

Característica de Herramientas de evaluación.	Descripción
Completo seguimiento del alumno por parte de los profesores	Además de la visualización de las calificaciones obtenidas, los profesores pueden visualizar informes donde se muestran el número de veces, fecha, tiempo, frecuencia de cada alumno que accede a los contenidos del curso como foros de debate, chat y demás herramientas.
Completo seguimiento del profesor por parte de los administradores	Los administradores pueden visualizar informes mostrando el número de veces, fecha, tiempo, frecuencia de cada profesor que accede a las preguntas de alumnos, foros de debate, chat y demás herramientas.
Amplia gama de preguntas de examen	Los tipos de preguntas: selección múltiple con respuesta única, selección múltiple con respuesta múltiple, elegir palabras, establecer parejas, seleccionar de una lista de palabras, rellenar casillas de texto o párrafos. Las respuestas se almacenarán en una hoja de cálculo, desde donde podrán ser evaluadas y corregidas directamente por cada profesor.
Múltiple configuración de un examen	El profesor puede configurar las respuestas a un examen o cuestionario como obligatorio o voluntario. Establecer el número de preguntas. Con una fecha fija para entregar el examen o con periodo abierto. Ponderar la nota obtenida por el alumno en el examen en el conjunto de exámenes del curso, etc.
El alumno puede autoevaluarse	Permite que los alumnos practiquen o resuelvan exámenes para medir los

	conocimientos adquiridos. Estos resultados no se tienen en cuenta la calificación obtenida por el alumno en el curso.
Envío de trabajos por parte del alumno	El alumno dispone de las herramientas online necesarias para la creación de contenidos de texto, presentaciones, vídeos, diagramas, etc y podrá compartir su trabajo (o archivos) con el docente para recibir ayuda o para que sea valorado y calificado por él.
Crear grupos de alumnos	El profesor o los alumnos pueden crear grupos para realizar un trabajo o edición de documentos en común. Para cada grupo, o documento de trabajo la plataforma proporciona un chat y el sistema para intercambiar mensajes y archivos.
Criterios de calificación del alumno configurables	El profesor puede crear y configurar la ponderación de los distintos criterios de calificación que afectarán a la calificación de los alumnos de cada curso.

Características de Herramientas complementarias	Descripción
Fotografía del usuario	Cada usuario puede configurar el perfil de su cuenta, con su nombre completo e incluir su fotografía. Ésta será visualizada en aquellos sitios en los que interviene el usuario (foros, mensajes, chats, lista de alumnos inscritos en los Grupos). También puede introducir un texto con su presentación al resto de usuarios de la plataforma.
Agenda personal	Cada usuario dispone de su propia aplicación de Calendarios para gestionar su agenda personal donde poder introducir sus eventos personales y escolares.
Disco duro en la nube	Cada usuario, alumnos y profesores disponen

	de un espacio, Google Drive™, donde subir sus ficheros de trabajo, de forma que se los pueda compartir y/o descargar con capacidad entre 15 y 30 Giga bytes (Según la versión de su cuenta).
Currículum de los usuarios	Los usuarios pueden introducir su currículum de forma que sea visible o no para el resto de usuarios del curso.
Secretaría Virtual	Se podrá implementar una secretaría virtual donde alumnos o posibles alumnos pueden consultar noticias, realizar consultas o entablar una conversación en un chat con un administrador del campus educativo.
Catálogo de cursos público	La plataforma hace posible crear un catálogo con los cursos que se ofrecen donde los posibles alumnos pueden obtener información. También pueden realizar una preinscripción sobre un determinado curso.
Página de inicio con forma de portal	En la página de inicio se pueden publicar y destacar cursos, noticias y eventos creando un portal de formación fácilmente administrable.
Ayuda	Cada pantalla de la Plataforma dispone de su enlace de Ayuda.

2.2 Herramientas TIC de Google Apps para la Educación.

Para implementación y uso de la Plataforma Educativa **todos los miembros de la Institución**, el área Administrativa, Docentes y Alumnos deberán utilizar las siguientes aplicaciones de Google Apps.

- **Chrome**™: Navegador Web.
- **Gmail**™: Cuenta de correo electrónico.
- **Drive**™: Unidad de almacenamiento y edición de archivos y documentos en la nube.
- **Grupos**™: Grupos de estudio y Foros de participación.
- **Sites**™: Plantilla Plataforma Educativa TIC PETIC.

2.2.1 Navegador web Google Chrome™

La velocidad impulsa el aprendizaje. Por eso, Chrome™ fue diseñado para ser veloz en todo sentido: en el escritorio, en la carga de páginas web y en la ejecución de herramientas educativas valiosas. Chrome se ejecuta rápidamente hasta en las máquinas más básicas, lo cual permite ahorrar dinero ya que extiende la vida útil de tu hardware actual.

Utiliza el navegador **"Google Chrome para la Educación"**
Enlace de descarga: **http://goo.gl/YWvRn7**

2.2.2 Correo electrónico Gmail™.

Tu Plataforma educativa comienza con tu cuenta en Google.

El Centro de comunicaciones principal y la base de implementación para la Plataforma Educativa TIC para tu Aula Virtual es **Gmail**, la aplicación de correo electrónico basado en la Web.

Para acceder u obtener una Cuenta de Google personal ingresa
a: **http://www.gmail.com**

Para obtener una cuenta Google Apps Educación para tu Dominio
ingresa a: *http://goo.gl/UuaU2b*

Para empezar con las prácticas ingresa
ahora a tu cuenta de Google.

Cuenta Personal:

Ejemplo:
usuario@gmail.com

Cuenta de dominio Corporativo:

Ejemplos:
usuario@internetparaeducar.com
usuario@politecnico.org
usuario@escuela.net

**Cuenta de dominio Institucional con
Google Apps Educación:**

Ejemplos:
usuario@institucion.edu.co
usuario@institucion.org

Para acceder a Gmail en tu computador, ve a gmail.com.

- Si te aparece directamente la página de inicio de sesión, escribe tu nombre de usuario o cuenta de correo corporativa (a veces está ya escrita) y tu contraseña. Si quieres iniciar sesión en otra cuenta, haz clic en **Administrar cuentas de este dispositivo.**

- Si ves una página de descripción Gmail en vez de la de acceso, haz clic en el enlace **Iniciar sesión** (arriba a la derecha).

Ingresando a tu bandeja de entrada de tu cuenta corporativa o personal, tendrás acceso a todas las aplicaciones que usaras en tu Plataforma Educativa TIC, haciendo clic en el icono "Aplicaciones" que encuentras allí en la parte superior derecha.

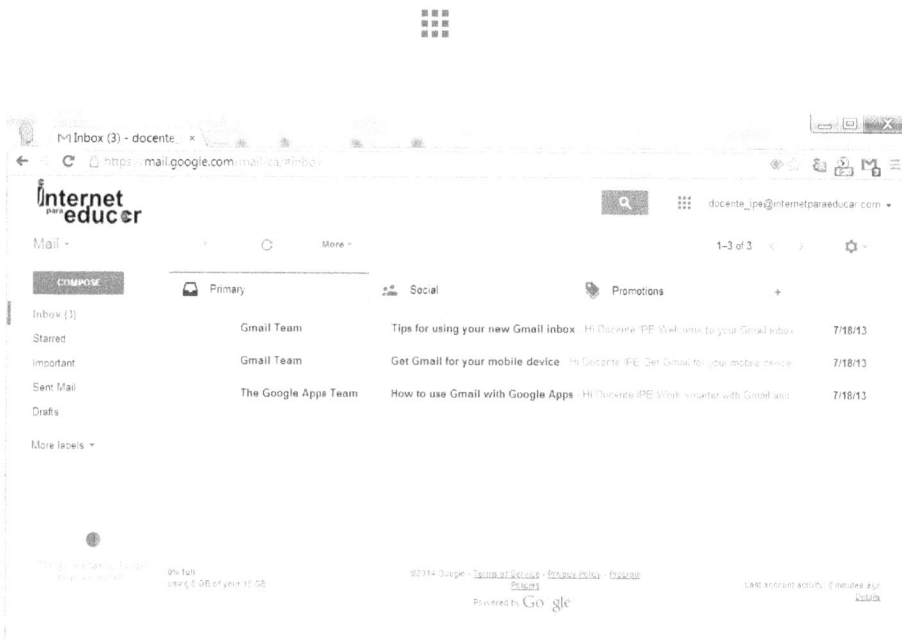

Para aprender más acerca de Gmail... visita: ***http://goo.gl/2tPwLw***

2.2.3 Drive™ Mucho más que almacenamiento en la Nube

Accede a tu Unidad de Almacenamiento en la Nube: *Google Drive*

Haz Clic en el icono "Aplicaciones"

Selecciona la aplicación "Drive"
haciendo Clic en el icono

Google Drive te permite almacenar o crear diversos tipos de documentos en la Web y acceder a tus archivos desde múltiples dispositivos y en cualquier lugar.

- Accede a Google Drive: Instala si lo deseas Google Drive en tu ordenador o en tu dispositivo móvil personal.
- Sube o crea tus archivos en Google Drive.

Ahora tus archivos van siempre contigo. Si cambias un archivo en la Web, en el ordenador o en tu dispositivo móvil, se actualiza en todos los dispositivos donde hayas instalado Google Drive. Comparte, colabora o trabaja en solitario: tus archivos, según tu decisión.

Guarda los primeros 15 GB o 30 GB (según el tipo de cuenta) de tus cosas de forma gratuita en Google Drive, Gmail y Google+ Fotos.

Para aprender más acerca de Google Drive y Google Docs visita:
http://goo.gl/20EAz3

Organiza tus documentos en tu Unidad de Drive.

Con las carpetas puedes organizar fácilmente todos los archivos y los documentos de Google Docs en Google Drive. Las carpetas también se pueden ordenar de forma jerárquica, de manera similar a las carpetas en el disco duro de tu computador. Además, se pueden compartir.

Para crear una carpeta en Google Drive en la Web, sigue estos pasos:

1. Haz clic en el botón rojo **CREAR** situado en la parte superior izquierda de Google Drive.
2. En el menú desplegable, selecciona **Carpeta**.
3. Escribe un nombre para la carpeta.
4. Haz clic en **Aceptar**. Se creará la carpeta en **Mi unidad**.

Si has decidido sincronizar todos los elementos de **Mi unidad**, la carpeta se sincroniza con la carpeta de Google Drive para escritorio. También se muestra en la vista Todos los elementos de Google Drive en la Web.

Para mover una carpeta dentro de otra, sigue los pasos que se indican a continuación:

1. Haz clic en la carpeta con el botón derecho del mouse y selecciona **Mover a...**
2. Selecciona la carpeta en las que quieras colocar la carpeta.
3. Haz clic en el menú en el icono **Mover**.

Crea tus documentos con Google Docs en tu unidad de Drive.

En tu Google Drive podrás crear Documentos de texto, Hojas de cálculo, Presentaciones, Formularios y Dibujos. Además podrás Conectar más aplicaciones de complemento para trabajar con tus archivos.

Para crear un nuevo documento, haz clic en el botón CREAR y selecciona el tipo de aplicación para el documento que deseas crear..

Se abrirá una ventana con un documento nuevo, Google Docs guarda el documento automáticamente.

Al crear un nuevo documento, Google Docs le asignará el nombre **Sin título** de forma predeterminada. Haz clic en el menú **Archivo** y selecciona **Cambiar nombre**. También puedes modificar el nombre haciendo clic en el título que aparece en la parte superior de la página. A continuación, realiza los cambios en el cuadro de diálogo que se muestra.

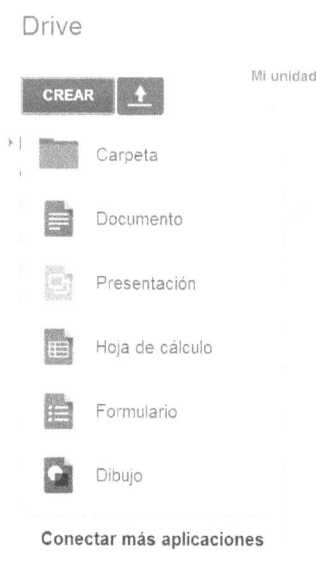

Drive

Mi unidad

CREAR

Carpeta

Documento

Presentación

Hoja de cálculo

Formulario

Dibujo

Conectar más aplicaciones

Con Google docs podrás crear, editar, compartir con otros usuarios y utilizar las aplicaciones para colaborar de manera grupal en tiempo real.

Los documentos creados con las aplicaciones de Google docs, *no ocupan espacio de almacenamiento* en tu cuenta de Google. Así tu cuota de almacenamiento rinde mucho más.

Ingresa y aprende más acerca de la creación de documentos tipo Google docs:

- Documentos de texto: **http://goo.gl/iZ95Lf**
- Hojas de Calculo: **http://goo.gl/MNMbeZ**
- Formularios: **http://goo.gl/tjBuQV**
- Presentaciones: **http://goo.gl/1gLoHz**
- Dibujos: **http://goo.gl/KS23zC**

Subir archivos de otros formatos a tu unidad de Drive.

Puedes subir los siguientes tipos de archivos:

- Documentos: .doc, .docx, .html, texto sin formato (.txt), .rtf
- Hojas de cálculo: .xls, .xlsx, .ods, .csv, .tsv, .txt, .tab
- Presentaciones: .ppt, .pps, .pptx
- Dibujos: .wmf, jpg, .gif, .png, .pdf
- Vídeos: wmv, avi, mp4

Estos tipos de archivos son los que realmente ocuparan espacio en tu cuota de almacenamiento con tu cuenta de Google. Guarda los primeros 15 GB o 30 GB (según el tipo de cuenta) de tus cosas de forma gratuita en Google Drive, Gmail y Google+ Fotos.

Pasos para seleccionar los archivos que quieras subir:

- Haz clic en el botón para subir elementos ⬆ y selecciona Archivos... en el menú desplegable.
- Selecciona el archivo que quieras subir. Para seleccionar varios archivos, pulsa Mayús o Ctrl y, a continuación, haz clic en los archivos correspondientes.
- El archivo aparecerá en "**Mi unidad**" o en la **Carpeta** donde estés en ese momento.

Estos tipos de archivos una vez alojados en tu Unidad, podrás compartirlos desde tu Correo, tu Drive y en la Plataforma Educativa PETIC, pero **no podrás editados directamente en Google docs**. Para poder disfrutar de los beneficios de trabajo colaborativo y edición online debes convertir estos archivos a los formatos de Google docs.

Para aprender a convertir un archivo en un documento, una hoja de cálculo o una presentación de Google, visita: **http://goo.gl/hDt7gw**

Empieza ahora mismo a **Crear, Subir y Organizar** los contenidos de tu Curso.
Es importante **Crear, Subir y Organizar** la mayor cantidad y variedad de contenidos para tu materia educativa en la Nube, se sugiere organizar los contenidos por Materia, creando carpetas para cada módulo o semana de clases. El contenido es tan variado como tu lo estimes conveniente, archivos en diversos formatos.

Créalos en Google docs:

- Documentos de texto,
- Presentaciones,
- Hojas de Cálculo,
- Formularios,
- Dibujos

o Sube los archivos en otros formatos:

- Documentos: .doc, .docx, .html, texto sin formato (.txt), .rtf
- Hojas de cálculo: .xls, .xlsx, .ods, .csv, .tsv, .txt, .tab
- Presentaciones: .ppt, .pps, .pptx
- Vídeos: wmv, avi, mp4

Sugerencia: Podrás organizar y alojar tus contenidos de tu Curso o Materia en una Carpeta principal y subcarpetas nombrándolas y enumerándolas según las semanas que durará el Curso. Ver Imagen de muestra:

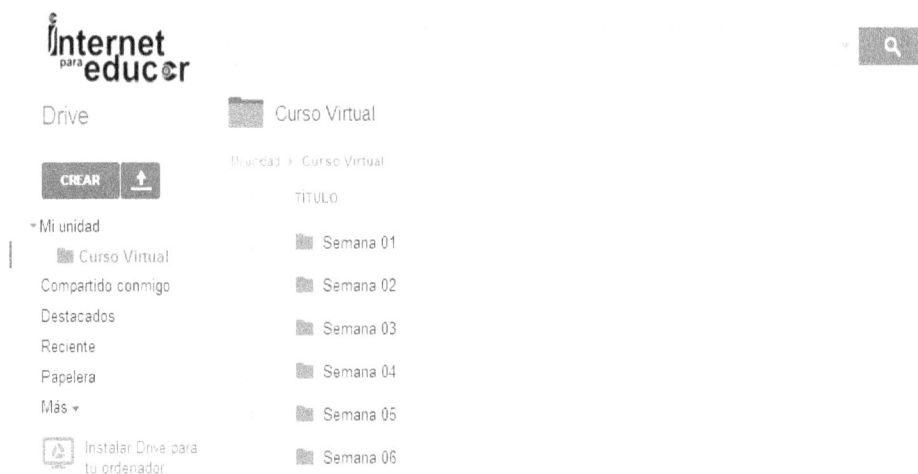

2.2.4 Administra tus Grupos de estudiantes con la aplicación Grupos de Google y controla el acceso de los contenidos de tu Aula virtual.

Crear Grupos o Foros en Google Groups

El siguiente paso será crear tu Grupo o Grupos de Estudio por medio del cual podrás **administrar los miembros de tu Grupo** o Grupos de estudiantes y **comunicarte de manera grupal** con ellos y algo muy importante usando la *dirección de correo electrónico del grupo* les **darás acceso al Aula virtual** y **podrás compartir los archivos** de contenidos alojados en tu Unidad de Drive que iras publicando en la Plataforma Educativa TIC [PETIC]. Con Grupos de Google, puedes crear grupos de participación online y comunicación vía correo electrónico. Los Grupos de Google te permiten hacer algunas cosas más:

- Crear debates de participación sobre un tema específico.
- Crear un grupo de asistencia a estudiantes con preguntas y respuestas sobre un tema o sobre los contenidos de la clase.
- Organizar reuniones, conferencias y eventos entre los miembros del grupo.
- Leer los mensajes del grupo por correo electrónico, en la interfaz online, o de ambos modos.

Ingresa a **http://groups.google.com** o haz Clic en el icono "Aplicaciones"

Selecciona la aplicación "**Grupos**" haciendo Clic en el icono.

Existen tres tipos de información que debes proporcionar al crear un nuevo grupo de Google:

1. Información general,
2. Tipo de grupo y
3. Permisos básicos.

Para cuentas personales @gmail.com abre una nueva pestaña en tu navegador e ingresa a: **http://groups.google.com**

Sigue los pasos para crear un grupo de Google:

1. En la página de Grupos de Google haz Clic en el botón CREAR GRUPO.

2. Completa la información solicitada.

Atención, escribe en los siguientes espacios **el/los Correo(s) electrónico(s) de tu(s) Grupo(s) de Google**, los necesitarás más adelante para poder Compartir tus archivos, dar Acceso grupal a tus contenidos en tu unidad Drive y a tu Aula virtual.

Nombre del Grupo   **Correo electrónico del Grupo**

_____   _____@googlegroups.com

_____   _____@googlegroups.com

_____   _____@googlegroups.com

3. Haz clic en el botón **CREAR** en la parte superior de la página. El grupo se creará.

Ahora podrás invitar a tus alumnos a inscribirse al Grupo de Estudio.

Para ello debes compartir **la dirección web (URL)** del Grupo que has creado. Para obtener la URL debes ingresar a la Aplicación Grupos y acceder al Grupo que deseas compartir.

Desde la casilla de direcciones en el navegador copia **la dirección web (URL)** asignada a tu Grupo (Ver imagen de ejemplo)

Abre una nueva pestaña en tu navegador e Ingresa a **http://goo.gl**, Allí podrás obtener una **URL corta** de enlace para tu Grupo de estudio. Pega allí la dirección de tu Grupo y haz clic en el botón "**Shorten URL**" (Ver imagen de ejemplo)

Escribe en los siguientes espacios la **URL corta de enlace** para tu Grupo o cada uno de tus Grupos. *Escribe el enlace tal cual manteniendo las letras en minúsculas y mayúscula.*

Nombre del Grupo	URL Corta
_____	http://goo.gl/_____
_____	http://goo.gl/_____
_____	http://goo.gl/_____

Los alumnos deberán obtener previamente una Cuenta de Google para poder inscribirse, acceder al Grupo y demás aplicaciones del sistema virtual y la Plataforma Educativa PETIC. Las cuentas de Google que usarán los estudiantes pueden ser:

- **Cuentas personales en Gmail:** Cada uno de los alumnos podrá obtener directamente una cuenta de Google ingresando a **www.gmail.com**.

- **Cuentas institucionales:** La institución deberá proveerles a los alumnos una cuenta institucional con su Dominio en Google Apps Educación.

*Se recomienda que los alumnos Configuren adecuadamente el Perfil para sus cuentas de Google usando sus **Nombres y Apellidos Completos** y subir una **foto reciente** en su cuenta de Google.*

A continuación, te presentamos los requisitos de edad mínima para obtener una cuenta de Google:

- Estados Unidos: 13 años o más
- España: 14 años o más
- Corea del Sur: 14 años o más
- Países Bajos: 16 años o más
- Todos los demás países: 13 años o más.

Pasos que deben seguir los alumnos para unirse al Grupo

Ahora podrás invitar a tus alumnos a unirse al Grupo de estudio, comparte con ellos en clase, la **URL corta de enlace** que le corresponda al Grupo de estudio, cada uno de los estudiantes deberá seguir los siguientes pasos:

1. Ingresar a la página del grupo escribiendo la **URL corta** del Grupo en la barra de direcciones del navegador web Google Chrome.
2. Hacer clic en el enlace "**Unirme al grupo**". Aparecerá el cuadro de diálogo "**Unirme al grupo**".
3. Completar las opciones del cuadro de diálogo "**Unirme al grupo**".
4. Hacer clic en el botón "**Formar parte de este grupo**".

Si tu grupo está configurado como abierto, el alumno formará parte de él de manera inmediata. En caso de que sea un grupo restringido, el estudiante tendrá que esperar a que el docente propietario o administrador apruebe su incorporación. Para formar parte de un grupo privado el alumno deberá hacer clic en un enlace para solicitar al docente propietario la pertenencia al grupo.

Para aprender más acerca de cómo...

Describir el grupo: **http://goo.gl/6ccQ1b**
Seleccionar un tipo de grupo: **http://goo.gl/3a3EgL**
Definir los permisos básicos del grupo: **http://goo.gl/1a9t3L**

2.2.5 Obtén Tu Plataforma Educativa PETIC completamente operativa en la nube para tu Aula virtual.

Obtener la Plataforma Educativa TIC [PETIC] a través de *la plantilla pública* PETIC en Google Sites

La Plataforma PETIC ha sido creada con la aplicación Google Sites, para acceder a la Plantilla para Tu Aula virtual completamente operativa, ingresa a **http://sites.google.com** con tu cuenta de Google o haz Clic en el icono "Aplicaciones"

Selecciona la aplicación "**Sites**" haciendo Clic en el icono.

Para cuentas personales @gmail.com abre una nueva pestaña en tu navegador e ingresa a: **http://sites.google.com**

3. Ingresas a la aplicación y haces Clic en el botón rojo "**CREAR**"

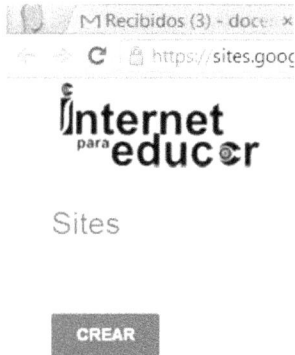

4. Luego Seleccionaremos la plantilla haciendo Clic en el enlace "**Navegar por la galería para ver más**"

5. Haces clic en el Menú en la opción "**Pública**" luego escribe "**PETIC**" en la casilla de búsqueda y haces Clic en el botón de "**Buscar**" (Ver imagen de ejemplo)

Seleccionar una plantilla de sitio

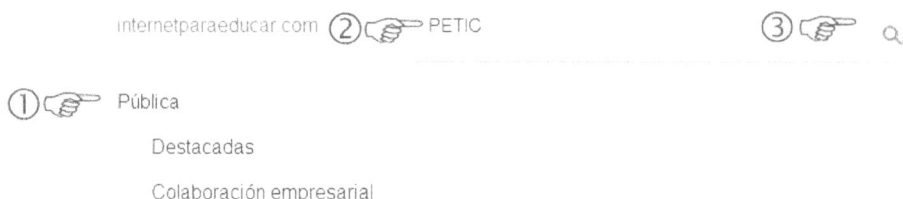

internetparaeducar.com ②☞ PETIC   ③☞ 🔍

①☞   Pública

      Destacadas

      Colaboración empresarial

6. Selecciona la plantilla "**PETIC: Campus Virtual [Talleres]**"

PETIC   🔍

Glosario PETIC
Plantilla para creación y publicación de Glosario de
Términos. Plataforma Ed...

PETIC: Campus Virtual [Talleres]
Plataforma Educativa con la Tecnología de La
Información y Comunicación de Go...

7. Haz Clic en el botón "**Seleccionar**"

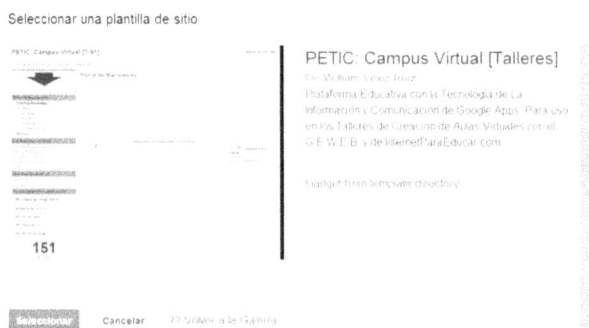

Seleccionar una plantilla de sitio

PETIC: Campus Virtual [T-xx]   **PETIC: Campus Virtual [Talleres]**
                                               De William Vélez Ruiz
                                               Plataforma Educativa con la Tecnología de La
                                               Información y Comunicación de Google Apps. Para uso
                                               en los Talleres de Creación de Aulas Virtuales con el
                                               G.E.W.E.B. y de InsenetParaEducar.com

                                               Widget from template directory

151

Seleccionar   Cancelar   ?? Volver a la Galería

8. Escribe en la casilla "Nombre del sitio", el titulo para **Tu Aula virtual**, el sistema usará el nombre para crear automáticamente la **dirección web URL de tu Aula virtual** como un subdominio de tu dominio en Google Sites. (Ejemplo: **http://sites.google.com/a/*tudominio*/nombre-del-sitio.**), podrás editar el nombre de

tu sitio si lo deseas, teniendo en cuenta los parámetros con respecto a los caracteres sugeridos, y para completar el procedimiento haces clic en el botón "**CREAR**".

Seguir los pasos mostrados en la imagen a continuación:

③ ☞ CREAR   Cancelar

Selecciona una plantilla para usar:

Plantilla en blanco

PETIC Campus
Virtual [Talleres]

Navegar por
la galería
para ver más

Nombre del sitio:

① ☞ Curso Online [WillVeRu]

Ubicación del sitio: las URL solo pueden contener los caracteres siguientes - A-Z, a-z, 0-9
https://sites.google.com/a/internetparaeducar.com/ curso-online-willveru ☞ ②

Para cuentas personales @gmail.com, el sistema genera una dirección URL con subdominio de site de Google Sites. (Ejemplo: **http://sites.google.com/site/nombre-del-sitio)** Si deseas una URL corta, copia la URL completa de su sitio e ingresa a **http://goo.gl,** obtén la URL corta, así será más sencillo compartir el Aula virtual la con tus Alumnos.

9. En segundos el sistema crea **tu Aula virtual**.

A partir de este momento ya dispones de **Tu Aula virtual bajo tu propio dominio con tu cuenta de Google**, ahora podrás empezar a configurar e integrar las aplicaciones y contenidos de tu curso para luego compartirlos con tus alumnos desde el Grupo de estudio que les corresponda.

¡*MAGNÍFICO!*... Con tu cuenta en **Google Sites y la plantilla PETIC** podrás crear una o más Aulas virtuales, todas las que necesites para tus Cursos o Materias virtuales particulares o para tu Institución Educativa.

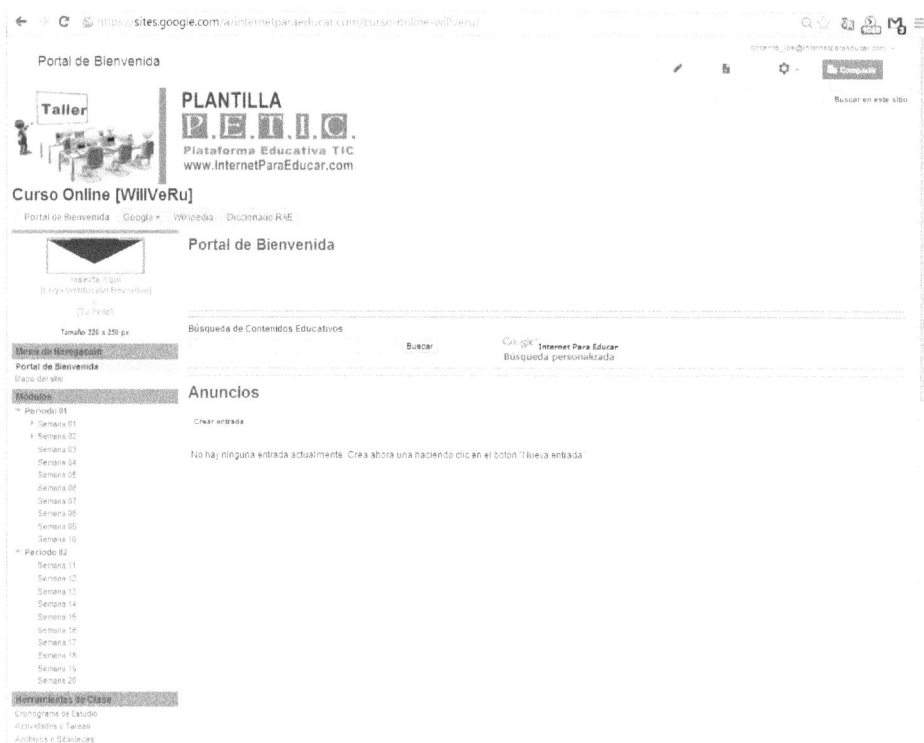

Podrás "*Cambiar la apariencia de PETIC*", el encabezado, colores y personalizar tu Aula Virtual. Para ver el vídeo y aprender a hacerlo paso a paso ingresa a: **http://goo.gl/eW2RBz**

Capítulo 3

3. Compartir e insertar los contenidos del Curso en tu Aula virtual mediante la Integración de las Aplicaciones con la Plataforma Educativa TIC (PETIC).

3.1 Configurar permisos para visualización de los contenidos del curso en PETIC desde la unidad del Drive.

Compartir con el Grupo de estudio las Carpetas con los contenidos alojados en "Mi Unidad" de Drive, para que los alumnos puedan luego visualizarlos en PETIC

Ingresa a la aplicación Drive

A esta altura de las PrácTIC@s, deberás tener algunos contenidos de tu Curso alojados en tu Unidad "Drive" y organizados en Carpetas de una manera similar a la mostrada en la siguiente imagen. Una Carpeta Principal con el Nombre de tu Curso o Materia. y varias subcarpetas "Semana #" conteniendo tus archivos.

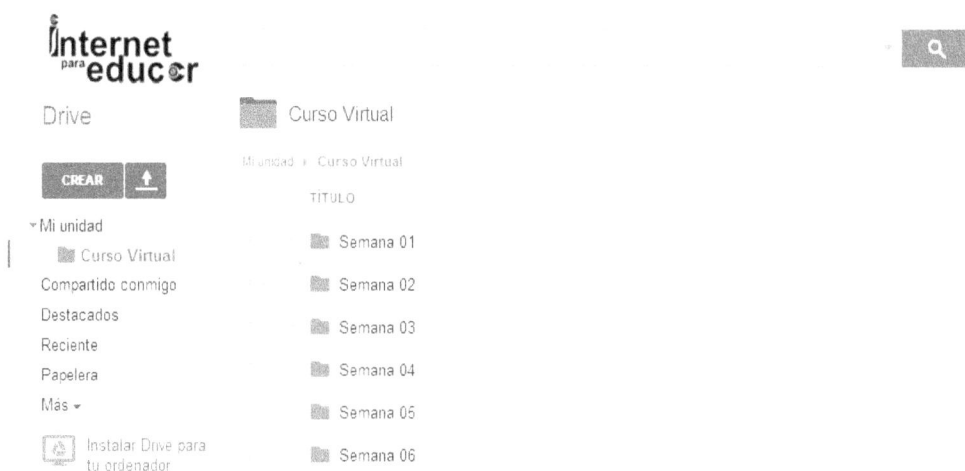

Para dar acceso de visualización de los contenidos que has creado o subido previamente en tu Unidad de Drive debes **compartir la Carpeta** o Carpetas con tu Grupo o Grupos de estudiantes, utilizando el **el correo electrónico del Grupo** que has obtenido al seguir el paso practico de las paginas 35 a 37 de esta guía.

Si no escribiste los datos, veras la Información de tu Grupo y el correo electrónico del mismo ingresado nuevamente a la aplicación Grupos en tu cuenta, en la opción "**Mis Grupos**" selecciona tu Grupo y haz Clic en **"Acerca de"** y Copia el correo electrónico del Grupo. (Ver imagen de ejemplo)

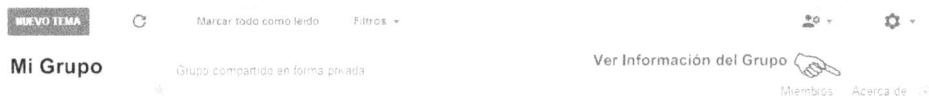

Ahora regresa al Drive en "**Mi unidad**" y selecciona la Carpeta principal de tu Curso y haz Clic en el botón "**Compartir**" (Ver imágenes de ejemplo)

Se abrirá la ventana **Configuración para compartir**, escribe en la casilla "**Invitar a personas**" el correo electrónico del Grupo, si son dos o más grupos, escribe los respectivos correos grupales separados por comas.

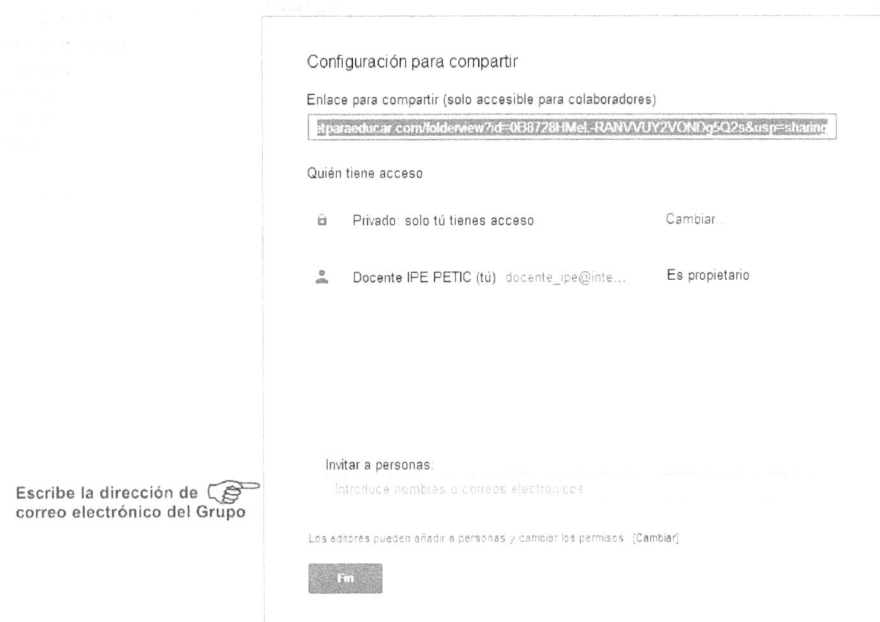

Al escribir la dirección de correo electrónico aparece la opción de visualización de los contenidos de la carpeta, selecciona la opción "**Puede ver**" luego **desactiva** la casilla de verificación "**Notificar a las personas por correo electrónico**" y haz Clic en el botón **Aceptar** (Ver imagen de ejemplo)

La lista de **Quién tiene acceso** mostrará tu Grupo en la ventana de **Configuración para compartir** con la opción "**Puede ver**".

48

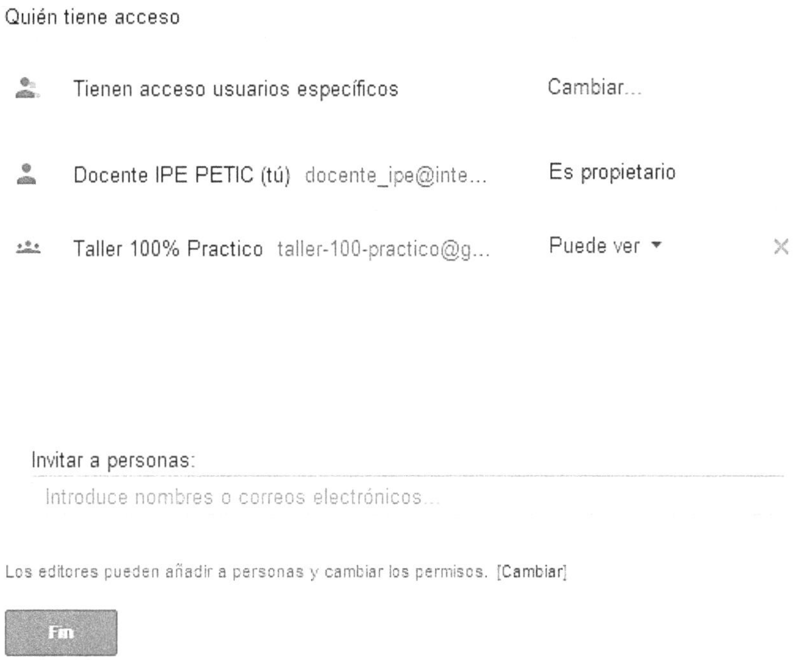

Quién tiene acceso

👤   Tienen acceso usuarios específicos   Cambiar...

👤   Docente IPE PETIC (tú)   docente_ipe@inte...   Es propietario

👥   Taller 100% Practico   taller-100-practico@g...   Puede ver ▾   ✕

Invitar a personas:

Introduce nombres o correos electrónicos...

Los editores pueden añadir a personas y cambiar los permisos. [Cambiar]

Fin

Ahora haz Clic en el botón **Fin**

Ahora en la unidad se mostrará la Carpeta con la nota compartido y el icono de la carpeta también cambiará (Ver imagen de ejemplo)

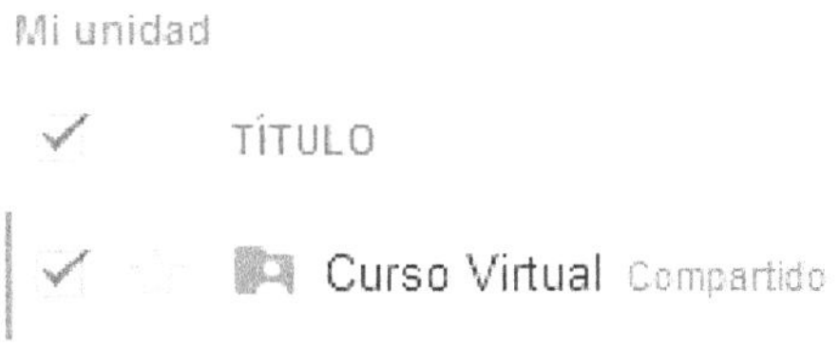

Mi unidad

✓   TÍTULO

✓   📁 Curso Virtual Compartido

Observa en "**Mi unidad**" como las Subcarpetas heredan automáticamente el permiso de compartido de la Carpeta principal. Al abrir la carpeta podrás ver además dos iconos *círculos de colores* uno te representa a ti y el otro al Grupo con el que has compartido los contenidos. (Ver imagen de ejemplo)

Ahora todos los contenidos de la Carpeta principal podrán ser visualizados por tus Alumnos cuando los publiques en tu Aula Virtual y le des acceso a tu Grupo o Grupos a la Plataforma Educativa TIC [PETIC]

3.2 Insertar y editar los Contenidos de tu Curso o materia en las páginas y lecciones de Tu Aula virtual [PETIC].

Ten en cuenta que el manejo de las aplicaciones integradas con la tecnología Google Apps es muy intuitiva y fácil de editar siguiendo los pasos de está Guía PrácTIC@ Willveru, además no estás solo, El Equipo G.E.W.E.B. e Internet Para Educar, está dispuesto a solucionar cualquier duda o inquietud que se te presente durante el desarrollo e implementación de tu Plataforma PETIC. Únete al *Grupo de Internet para Educar* en **http://goo.gl/ZPhBKt**

3.2.1 Editar Portal de Bienvenida al Aula virtual

Mediante este ejercicio aprenderás:

- **Cómo Insertar Imágenes** en las páginas del Aula virtual.
- **Cómo Insertar enlaces a otros Sitios Web** en las páginas del Aula virtual.
- **Cómo Insertar Vídeos desde Youtube** en las páginas del Aula virtual.
- **Cómo hacer Anuncios** en la página de Bienvenida del Aula virtual.

Podrás Ingresar siempre a **Tu Aula virtual** en **http://sites.google.com** o haz Clic en el icono "Aplicaciones"

Y selecciona la aplicación "**Sites**" haciendo Clic en el icono.

Haz Clic en el enlace del Curso correspondiente e ingresa a tu Aula virtual

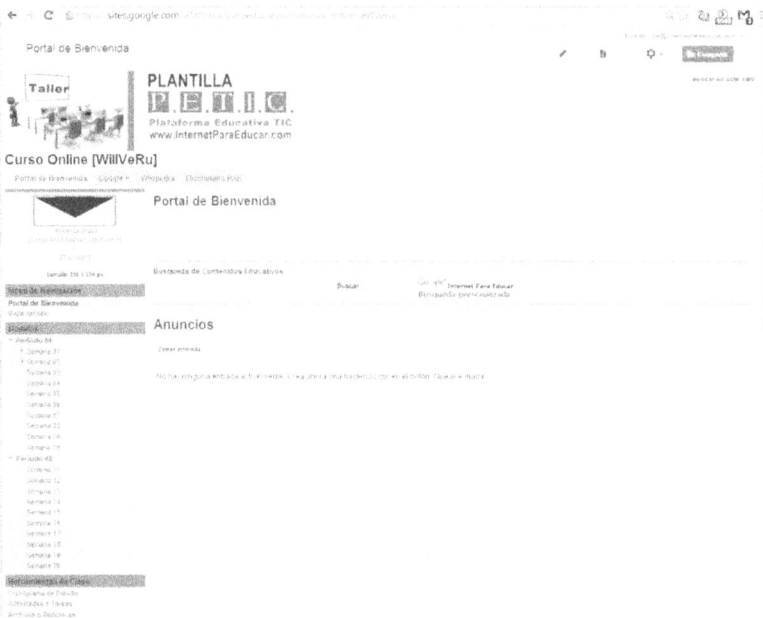

Ingresa a tu Aula virtual y comienza a publicar contenidos.

Cuando ingresas a tu Aula virtual con tu cuenta de Google, y **como propietario** de tu sitio **podrás editar los contenidos** en las páginas de la plataforma educativa. Para este ejercicio, ingresa a la página de inicio "**Portal de Bienvenida**"

Haz clic en el Icono de edición "**Editar página (e)**" o también podrás entrar en modo de edición oprimiendo la letra "**e**" en el teclado.

Una vez se cargue el editor la página mostrará el **menú de edición** y *la página actual* cambiará de aspecto, podrás ver el diseño para inserción de contenidos, paneles o divisiones en la página donde insertas el contenido

Menú de edición:

El menú de edición es muy intuitivo y similar al usado en la mayoría de aplicaciones para edición de textos, hojas de cálculo y presentaciones.

Aspecto de la página en modo de edición: Podrás escribir directamente en los paneles de inserción de contenidos, el diseño de está página es de 3 columnas. También puedes cambiar el **Título de la lección** o **Nombre de la Página** de inicio.

Nombre de la página

Portal de Bienvenida

4 Paneles para contenidos

Diseño de página 3 columnas

Búsqueda de Contenidos Educativos

Google Gadget

Gadget de cuadro de Búsqueda

Google™ Internet Para
Educar
Búsqueda
personalizada

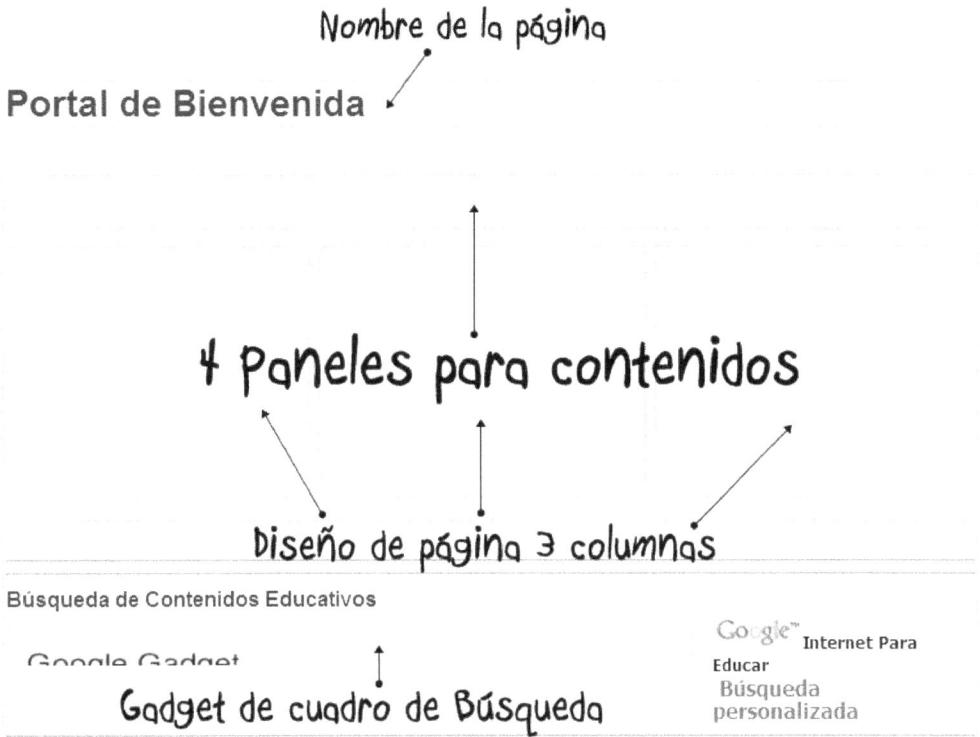

¡*ATENCIÓN!* *Se Recomienda* **No borrar el Gadget de Búsqueda** *de Contenidos Educativos*

Cómo Insertar Imágenes en las páginas del Aula virtual.

Posiciona el cursor en el primer panel de inserción y luego haz clic en el menú "**Insertar**" y en la opción "**Imagen**"

Portal de Bienvenida

Insertar   Formato   Tabla   Diseño   Ayuda

🖻 Imagen   👉

🔗 Enlace

Puedes subir la imagen desde el disco duro o la unidad física de almacenamiento de tu computador...

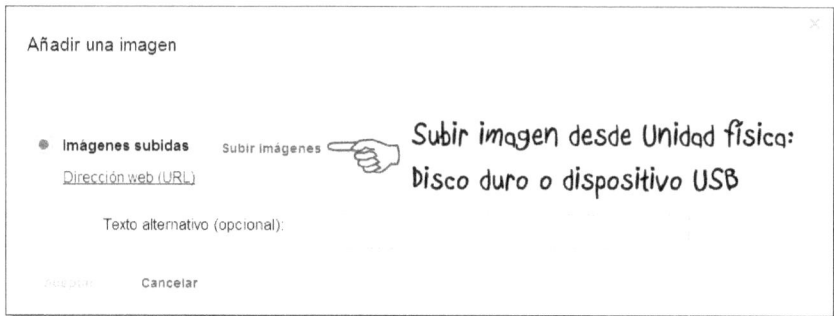

Añadir una imagen

● **Imágenes subidas**   Subir imágenes   Subir imagen desde Unidad física:
Dirección web (URL)   Disco duro o dispositivo USB

Texto alternativo (opcional):

Aceptar   Cancelar

o desde otro sitio web copiando la URL de la imagen y pegándola en la casilla.

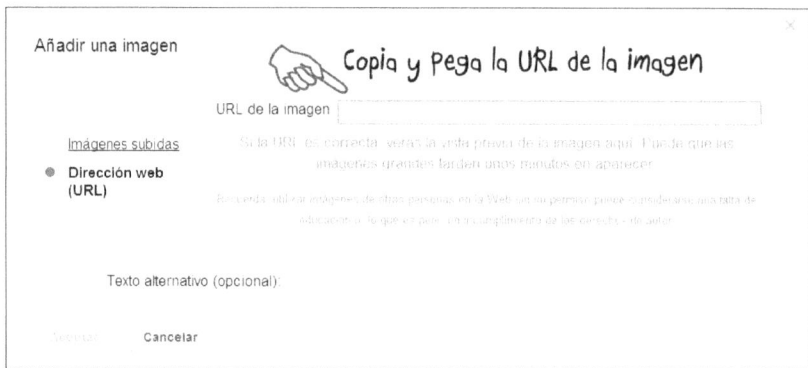

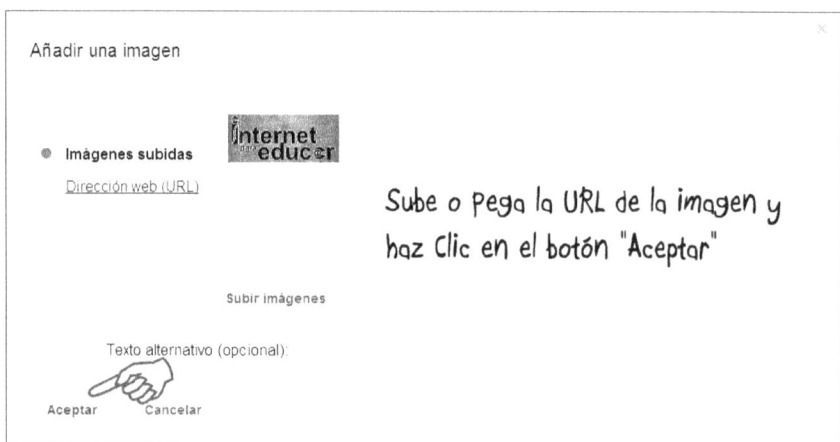

Añadir una imagen   Copia y Pega la URL de la imagen

URL de la imagen

Imágenes subidas   Si la URL es correcta, verás la vista previa de la imagen aquí. Puede que las
● **Dirección web**   imágenes grandes tarden unos minutos en aparecer.
(URL)
                          Recuerda: utilizar imágenes de otras personas en la Web sin su permiso, puede considerarse una falta de
                          educación o lo que es peor, un incumplimiento de los derechos de autor.

Texto alternativo (opcional):

Aceptar   Cancelar

Añadir una imagen

● **Imágenes subidas**   Internet educar
Dirección web (URL)
                          Sube o Pega la URL de la imagen y
                          haz Clic en el botón "Aceptar"

Subir imágenes

Texto alternativo (opcional):

Aceptar   Cancelar

Una vez aparece insertada la imagen podrás usar el "Menú del objeto" para **ubicar la imagen** en el panel (derecha, centro, izquierda), **cambiar el tamaño** de visualización (S,M,L, Original) y **editar el Enlace** cambiando la URL de la imagen, si deseas usar la imagen como botón de enlace a otro sitio web (Portal del Centro Educativo o Blog) o alguna otra página dentro del Aula virtual. Después de realizados los cambios haz Clic en el botón "**Guardar**"

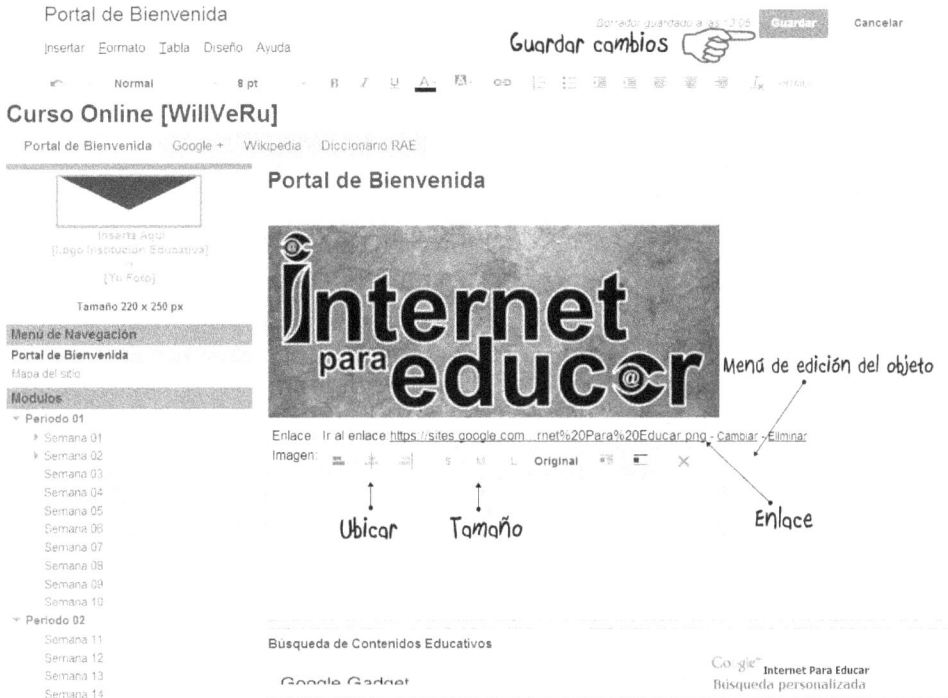

Cómo Insertar enlaces a otros Sitios Web en las páginas del Aula virtual.

Posiciona el cursor en el panel de inserción donde desees crear el enlace y haz clic en el menú "**Insertar**" y en la opción "**Enlace**".

Portal de Bienvenida

Insertar   Formato   Tabla   Diseño   Ayuda

Imagen

Enlace

Se abre la ventana "Crear enlace".

Crear enlace

Página de sitios

Dirección web   *Haz Clic en "Dirección web"*

La ventana cambia de formato, Escribe el **Texto para mostrar** en la casilla correspondiente y copia o escribe la dirección web URL del sitio que deseas enlazar en la casilla "**Enlazar con esta URL**", selecciona la casilla de verificación "**Abrir este enlace en una ventana nueva**" y haz Clic en el botón "**ACEPTAR**".

Crear enlace

Nombre del Sitio web a enlazar

Página de sitios

Dirección web   Texto para mostrar:

Apps Script   Internet para Educar

                        Enlazar con esta URL:

                        www.internetparaeducar.com
                        Ejemplo www.google.es

Escribe o copia la URL "Dirección web"

Selecciona la casilla

✓ Abrir este enlace en una ventana nueva

ACEPTAR   Cancelar   *Clic en el botón "ACEPTAR"*

El enlace aparecerá en la página, prueba el enlace a la página y cambialo si es necesario.

Portal de Bienvenida

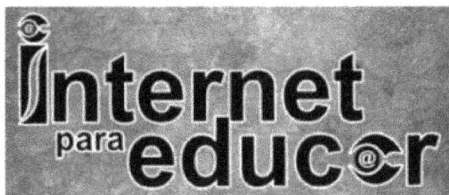

Internet para Educar
Ir al enlace http://www.internetparaeducar.com - Cambiar - Eliminar

Probar el enlace

Cómo Insertar Vídeos desde Youtube en las páginas del Aula
virtual.

En una nueva pestaña del navegador ingresa a **http://youtube.com** busca el vídeo que
desees compartir en tu Aula virtual, haz Clic en la opción "**Compartir**" y en
"**Comparte este vídeo**" y copia la **URL del vídeo**. (Ver imagen de ejemplo).

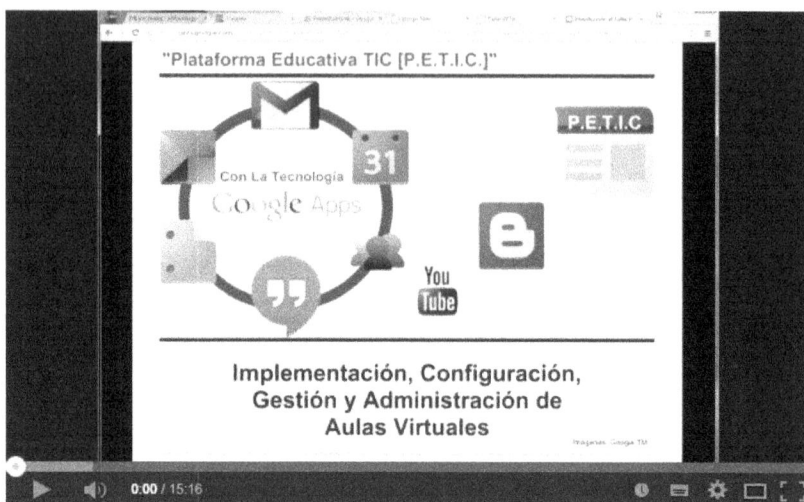

Introducción Creación de Aulas virtuales con PETIC - Conferenc...

Continuando con el ejercicio regresa a la página de Bienvenida de tu Aula virtual y posiciona el cursor en el panel de inserción de contenidos donde deseas insertar el vídeo y haz clic en el menú "**Insertar**" y en la opción "**Youtube**".

Portal de Bienvenida

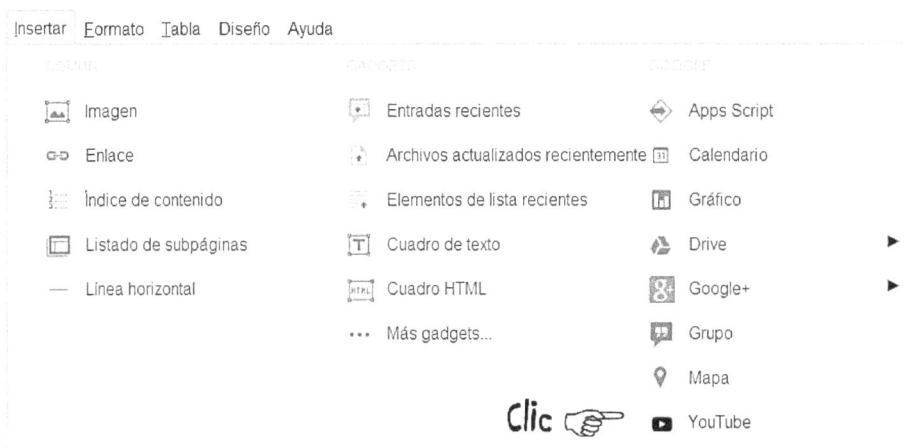

Insertar   Formato   Tabla   Diseño   Ayuda

🖼 Imagen	▪ Entradas recientes	◈ Apps Script
⊝ Enlace	▪ Archivos actualizados recientemente	📅 Calendario
⋮ Índice de contenido	▪ Elementos de lista recientes	📊 Gráfico
▭ Listado de subpáginas	T Cuadro de texto	⟁ Drive ▶
— Línea horizontal	HTML Cuadro HTML	8+ Google+ ▶
	⋯ Más gadgets...	💬 Grupo
		♀ Mapa
	Clic ☞	▶ YouTube

En el cuadro de dialogo "Insertar Vídeo de YouTube" pegas la URL del vídeo que copiaste previamente desde YouTube y eliges las opciones de Visualización del vídeo para tu página.

Insertar Vídeo de YouTube   Pega la URL del vídeo

Pega la URL del vídeo de YouTube.

http://youtu.be/8b6sxRij8Sk

Ejemplos:
http://www.youtube.com/watch?v=Q5im0Ssyyus o
http://youtu.be/Q5im0Ssyyus

Visualización:

Tamaño de vídeo: 480x270   ▼

✓ Incluir borde

✓ Incluir título: Vídeo de YouTube

GUARDAR   Cancelar   ☞ Clic en "GUARDAR"

Haz Clic en el botón **Centrar** en el Menú del objeto que contiene el vídeo de Youtube

Portal de Bienvenida

Vídeo de YouTube
"Video de YouTube"

Menú del objeto

Centrar

Para culminar con esta parte del ejercicio en la página de inicio, Guarda la página, para ello haz Clic en el botón "**GUARDAR**"

Guardar   Cancelar

Guarda la página. (Ctrl + s)

Cómo hacer Anuncios en la página de Bienvenida.

En la página de inicio "**Portal de Bienvenida**" haz Clic en el botón "**Crear entrada**"

Portal de Bienvenida

Busqueda de Contenidos Educativos

Buscar   Google Internet Para Educar
                Búsqueda personalizada

Anuncios

Crear entrada   Crear entradas de Anuncios

No hay ninguna entrada actualmente. Crea ahora una haciendo clic en el boton "Nueva entrada"

De forma similar a los blogs, las páginas del tipo Anuncios muestran entradas que iras publicando en la página en orden cronológico, comenzando por la más reciente. Una página de anuncios es excelente manera de informar a los estudiantes sobre las tareas o actividades extras a desarrollar durante las semanas de clase; así tienen acceso rápido a la información más reciente.

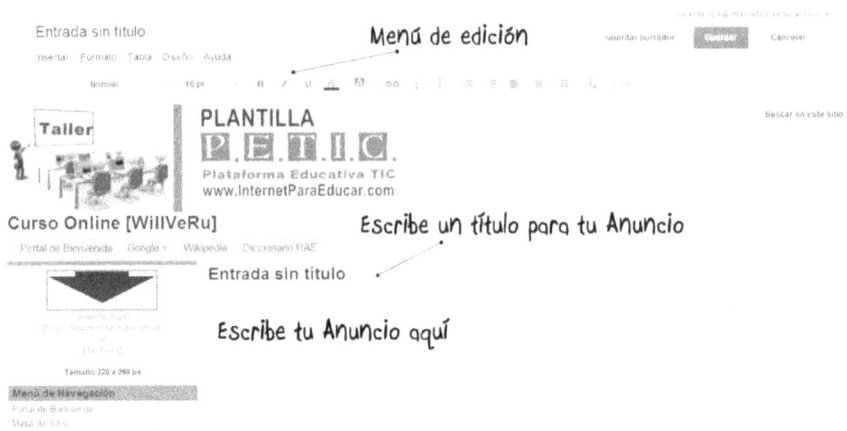

En la Entrada del anuncio puedes escribir, editar e insertar contenidos igual que en cualquiera de las páginas del Aula Virtual, una vez escribas el Anuncio haz Clic en el botón...

Guardar

El Anuncio aparecerá en orden cronológico en la página de inicio como una subpágina del "Portal de Bienvenida". **Portal de Bienvenida > Anuncio**

- Para modificar, editar, eliminar los Anuncios, haces Clic en el enlace (Editar entrada)

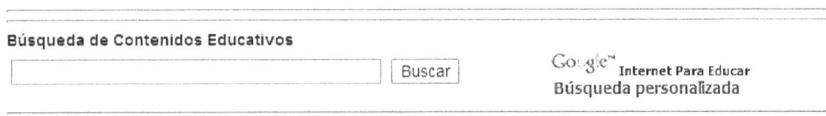

Búsqueda de Contenidos Educativos

[   ] [Buscar]   Google™ Internet Para Educar
                                                      Búsqueda personalizada

Anuncios

Crear entrada

Primera semana de clase
publicado a la(s) hace 4 minutos por Docente IPE PETIC

¡Bienvenidos al Curso online!

En esta página del Portal de Bienvenida al Aula virtual. encontrarás los Anuncios de última hora.

Aquí te estaré comunicando los eventos, tareas o actividades extras de cada semana.

Inicio de clase: DÍA / MES / AÑO

(Editar entrada) ☞ *Para modificar, editar, borrar los Anuncios*

1-1 de 1

62

- **Para eliminar una entrada (Anuncio):**

  - Accede desde Título del "Anuncio" que quieres eliminar.
  - Haz clic en el menú "Más acciones".

  docente_ipe@internetparaeducar.com ⌄

  Compartir

  Abre el menú "Más acciones". (m)

  ~~Buscar~~ en este sitio

  - Selecciona 🗑 Eliminar página.

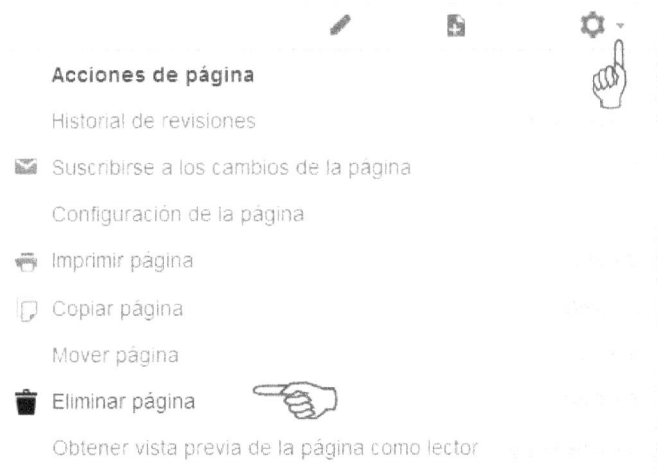

  Acciones de página

  Historial de revisiones

  ✉ Suscribirse a los cambios de la página

  Configuración de la página

  🖶 Imprimir página

  ⎗ Copiar página

  Mover página

  🗑 Eliminar página   ☞

  Obtener vista previa de la página como lector

  - Confirma que quieres eliminarla haciendo clic en **"Eliminar"**.

Si eliminas una página, las subpáginas y archivos adjuntos subidos directamente a la página también se eliminan. Si eliminas una página accidentalmente, tienes 30 días para recuperar la página eliminada, en cuyo caso puedes recuperar las subpáginas y los archivos adjuntos.

3.2.2 Editar e Insertar contenidos en las lecciones de Tu Aula virtual.

Mediante este ejercicio aprenderás a como **alimentar las páginas de lecciones insertando contenidos para tu curso o materia educativa:**

- **Cómo Insertar presentaciones** creadas con Google docs y visualizarlas directamente en las páginas del Aula virtual
- **Cómo Insertar documentos** creados con Google docs y visualizarlos directamente en las páginas del Aula virtual.

Usar los botones de "Añadir Archivo", "Añadir enlace" y "Añadir desde Drive".

- **Cómo añadir y organizar archivos** directamente a una página.
- **Cómo Insertar enlaces a documentos de formatos diferentes a Google docs desde el Drive o desde una URL** en las páginas del Aula virtual.

Las páginas para las lecciones han sido creadas con la plantilla de página tipo Archivador para facilitar de esta manera el poder organizar y compartir enlaces a documentos o archivos subidos a la Carpeta del curso en el Drive con formatos diferentes a Google docs por ejemplo PDFs, docx, mp3, mp4, etc, los archivos serán visualizados a través del visor de documentos de Google Drive.

Lección 1.01   ←——→   Título de la Lección

Espacio para Insertar contenidos de la Lección

+ Añadir archivo   + Añadir enlace   ✥ Añadir desde Drive   ▣ Mover a ▾   🗑 Eliminar   ✉ Suscribirse a los cambios

Botones para organizar y añadir enlaces a Archivos o Documentos

Sí la página de una lección se comparte en modo de edición con el Grupo de estudio, los alumnos o usuarios pueden subir, modificar, borrar y editar los contenidos de la misma, cada vez que se añadan, se cambien o se eliminen archivos, se notificará debidamente a los usuarios que estén suscritos a dicha página.

Alimentar las páginas de lecciones insertando contenidos para tu curso o materia educativa.

- Cómo Insertar presentaciones y visualizarlas directamente en las páginas del Aula virtual.

Ingresa a la página de la lección que desees alimentar

Haz clic en el Icono de edición "**Editar página (e)**" o también podrás entrar en modo de edición oprimiendo la letra "**e**" en el teclado.

Posiciona el cursor en el panel de inserción de contenidos de la página por ejemplo Lección 1.01

Haz Clic en el menú en "**Insertar**", en "**Drive**" y elige la opción "**Presentación**"

Página de la Lección en Modo de Edición

Selecciona la casilla de verificación de la Presentación que deseas insertar en la Lección y haz Clic en el botón "**Seleccionar**". (Ver imagen de ejemplo)

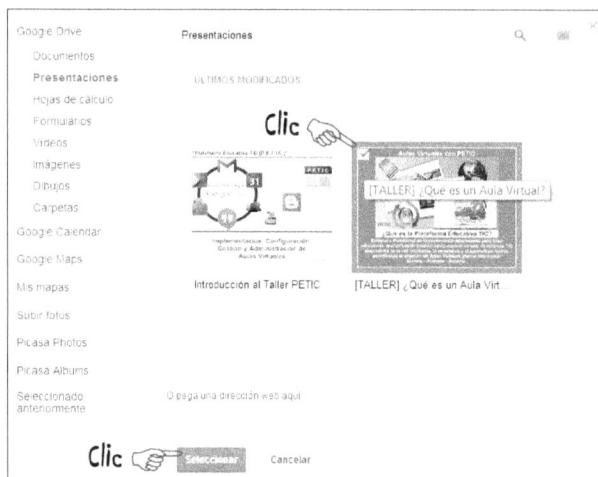

Haz Clic en el botón "**GUARDAR**" que aparece en el cuadro.

Centra el Objeto que contiene la Presentación, haz Clic en el icono de "**Alinear al centro**"

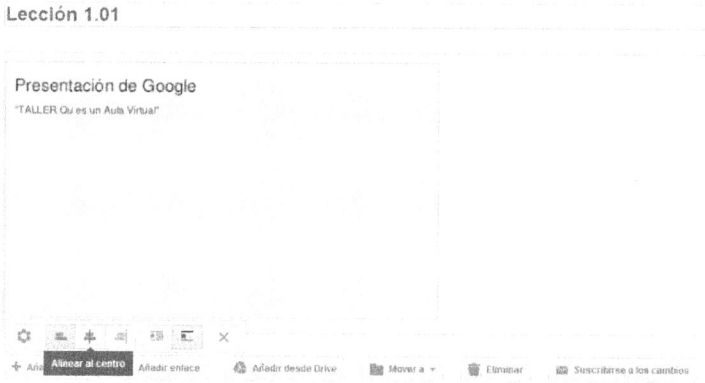

Continúa en esta misma página en el modo de inserción y procede con el siguiente ejercicio.

- Cómo Insertar documentos y visualizarlos directamente en las páginas del Aula virtual.

Posiciona el cursor debajo del Objeto que contiene la Presentación y haz Clic en el Menú en "**Insertar**", en "**Drive**" elige la opción "**Documento**". (Ver imagen de ejemplo)

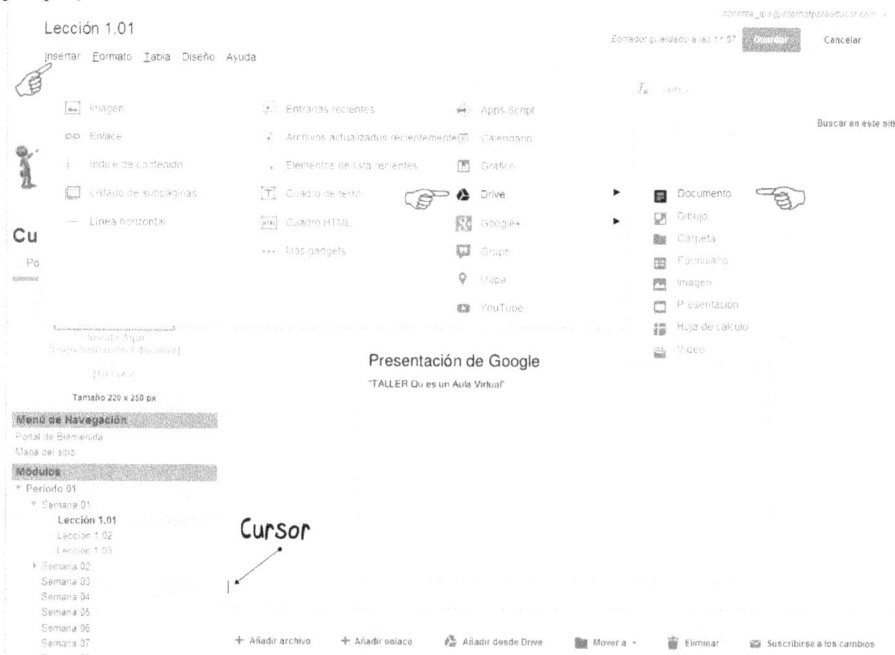

Haz Clic en la casilla de verificación del documento que deseas insertar y haz Clic en el botón "**Seleccionar**"

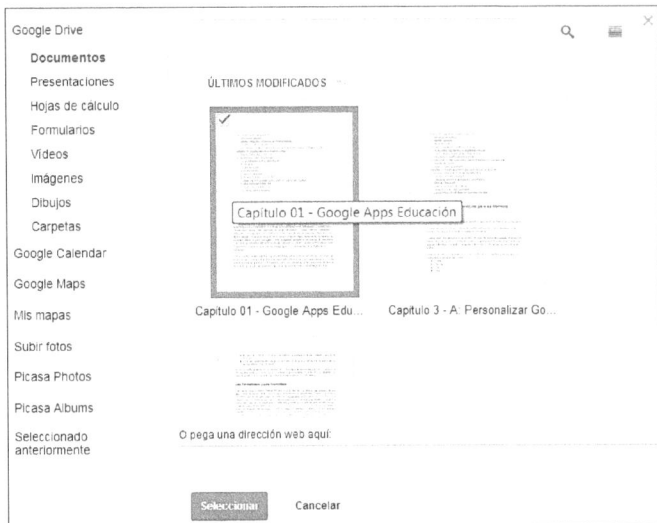

En la ventana de **Insertar Documento de Google**, haz Clic en el botón "**GUARDAR**"

Igual que en los pasos vistos anteriormente centra el objeto que contiene el Documento y haces Clic en el botón "**Guardar la página (Ctrl+s)**". Ya han quedado publicados los contenidos insertados en la Lección 1.01

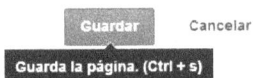

Lección 1.01

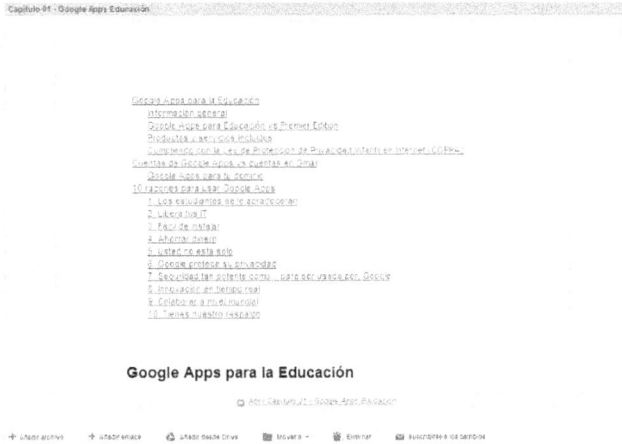

Usar los botones de Añadir Archivo, Añadir enlace y Añadir desde Drive.

- **Cómo añadir y organizar archivos** directamente a una página.

Botones para organizar y añadir enlaces a Archivos o Documentos

Haz Clic en el botón "+ **Añadir archivo**"

Selecciona el Archivo que deseas subir a la página desde tu Computador y haz Clic en el botón "**Abrir**"

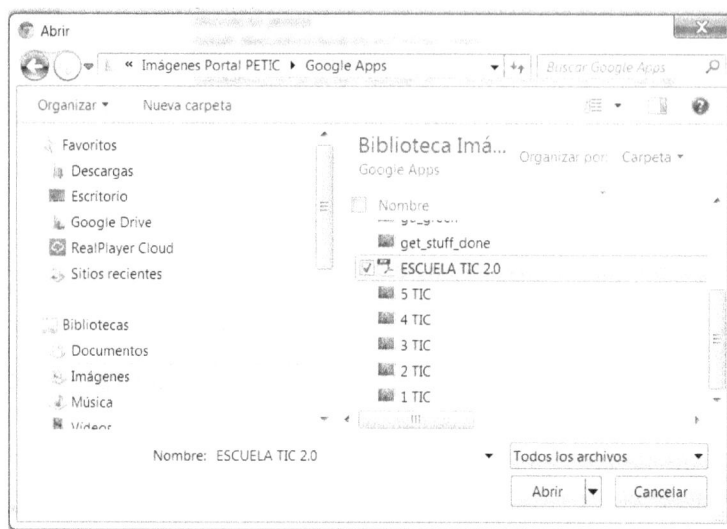

Los usuarios o estudiantes que accedan a la página de la lección podrán **Ver** o **Descargar** el archivo que les has compartido.

Cuando subes una archivo a una página este archivo no se almacena en el Drive, se aloja directamente en dicha página del Sitio o Aula, existen límites en la capacidad de alojamiento directo en Google Sites.

- ○ cuota de almacenamiento por cada Sitio: 100 MB/sitio,
- ○ tamaño máximo de cada archivo adjunto: 20 MB.

Lo ideal es almacenar los Archivos o documentos en la Unidad del Drive donde dispones de más espacio, posibilidades para compartir y almacenar los archivos. La recomendación es usar la opción "+ Añadir desde Drive"

- ● **Cómo Insertar enlaces a documentos de formatos diferentes a Google docs desde el Drive o desde una URL** en las páginas del Aula virtual.

Para facilitar el organizar y compartir enlaces a documentos o archivos subidos a la Carpeta del curso en el Drive con formatos diferentes a Google docs por ejemplo PDFs, docx, mp3, mp4, etc, usaremos el botón "+ Añadir desde Drive" así los archivos serán visualizados en una nueva pestaña a través del visor de documentos de Google Drive, haz clic en el botón...

Busca y selecciona uno o más Archivos que desees añadir desde el Drive.

Los archivos aparecerán en la Lista de Enlaces en la página de la Lección con la opción Vista.

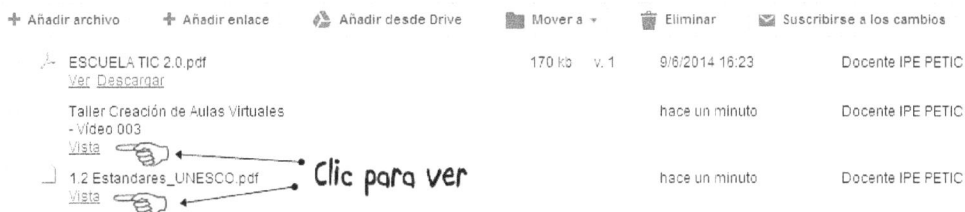

- - **Insertar enlaces a documentos desde una URL** en las páginas del Aula virtual.

Cuando navegamos en la Web encontramos referencias, artículos sobre temas específicos para ser visualizados online en el sitio web o en formato PDF, si deseas compartir el documento directamente desde la Web donde este se aloja, copia la URL del documento y podrás compartirlo en las páginas del Aula virtual usando la opción "+ **Añadir enlace**" en la página donde desees compartir el enlace.

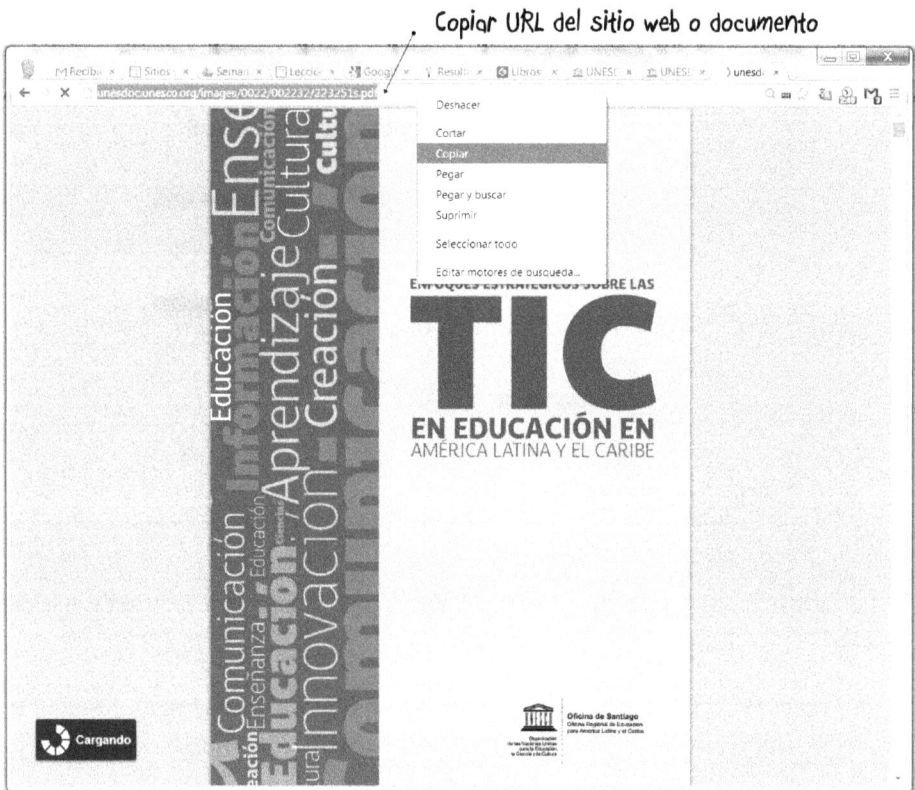

Haz Clic el botón "+ **Añadir enlace**"

➕ Añadir enlace

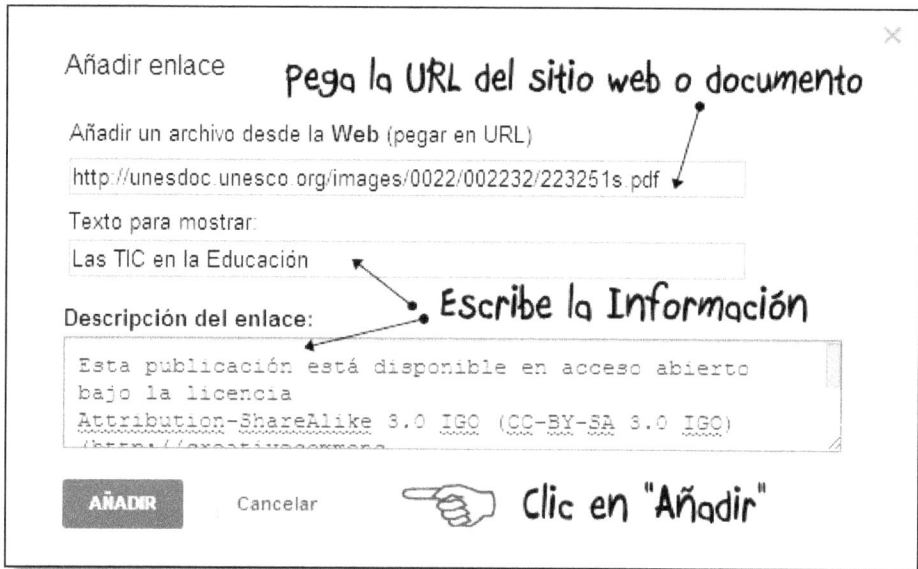

En la Lista de Enlaces en la página de la Lección aparece el enlace con la descripción y la opción **Vista**

- *Organizar la lista de enlaces a archivos.*

Ten en cuenta que puedes organizar la lista de enlaces en tus lecciones en carpetas, para ello haces Clic en la casilla de verificación del Archivo y luego en "**Mover a**" Crea o elige una carpeta para ubicar el enlace del archivo.

+ Añadir archivo   + Añadir enlace   Añadir desde Drive   Mover a ▾   🗑 Eliminar

✓ 📄 ESCUELA TIC 2.0.pdf
       Ver Descargar   📁 Carpeta nueva ...

       Taller Creación de Aulas Virtuales -
       Vídeo 003
       Vista   *Crear o elegir*

✓ 📄 1.2 Estandares_UNESCO.pdf
       Vista

✓ Las TIC en la Educación   Esta publicación está disponible en
       Vista   acceso abierto bajo la licencia
                                                      Attribution-ShareAlike 3.0 IGO (CC-BY-
                                                      SA 3.0 IGO) (http://creativecommons.
       Seleccione las casillas   org/licenses/by-sa/3.0/igo/). Al utilizar
                                                      el contenido de la presente
                                                      publicación, los usuarios aceptan las

Los enlaces quedarán organizados en Carpetas así como en el ejemplo a continuación:

+ Añadir archivo   + Añadir enlace   Añadir desde Drive   Mover a ▾

▸ 📂 Documentos (Eliminar)

▾ 📂 Vídeos (Eliminar)

       Taller Creación de Aulas Virtuales -
       Vídeo 003
       Vista

- ● *Obtener vista previa de la página como lector.*

Si deseas visualizar cómo verán la página o lección tus estudiantes o lectores, puedes ir a al menú "**Más acciones**" y elige la opción "**Obtener vista previa de la página como lector**" o presiona las teclas "**g**" y después "**p**"

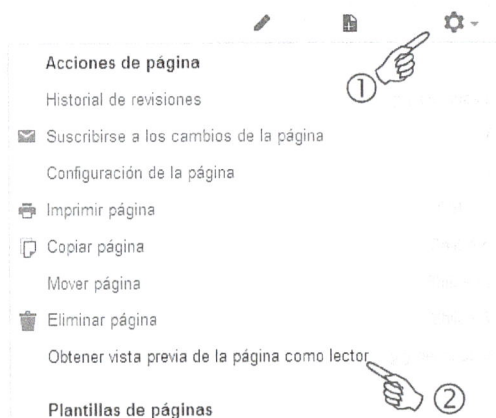

Acciones de página

Historial de revisiones

✉ Suscribirse a los cambios de la página

Configuración de la página

🖨 Imprimir página

📋 Copiar página

Mover página

🗑 Eliminar página

Obtener vista previa de la página como lector

Plantillas de páginas

3.2.3 Crear nuevas páginas para contenidos en Tu Aula virtual.

Mediante este ejercicio aprenderás como:

- **Insertar índices con enlace automático "Listado a subpáginas" nuevas** en las páginas principales.
- **Crear páginas nuevas y clasificarlas como subpáginas**
- **Configurar y Agregar la página nueva al menú de la barra lateral de enlaces** a las páginas de contenidos
- **Cómo crear páginas principales** para Periodos o Módulos, Semanas.

Cuando creas una página nueva en tu Aula virtual, puedes elegir entre varios tipos de páginas diferentes, dependiendo del tipo de contenido que incluya la página. En tus Plataforma Educativa puedes crear un sinnúmero de páginas, todas las que consideres necesarias para tu Curso.

Para tu Aula virtual hemos recomendado usar siempre el tipo de página "**Archivador**" por las ventajas que esta representa. Una página permite escribir texto, insertar gadgets, archivos y documentos y disponer el contenido de la forma que quieras. Las páginas en modo de edición incluyen controles de formato estándar, como negrita, cursiva, subrayado o viñetas, entre otros.

Como hemos visto en los ejercicios anteriores las páginas de la plantilla **Archivador** te permiten adjuntar, almacenar y organizar los archivos subidos desde el disco duro de tu computador. Es una forma de compartir fácilmente los archivos con otros usuarios del sitio.

Cuando compartes una página en modo "**Puede editar**" cada vez que se añadan, se cambien o se eliminen archivos, se notificará debidamente a los usuarios que estén suscritos a la página.

Más información sobre cada tipo de página (**Página web, Anuncios, Archivador, Página de lista**) y cómo se pueden usar. **http://goo.gl/K7Q4Nm**

Haz Clic en "**mapa del sitio**" en el menú lateral, observemos la jerarquía de contenidos del Aula virtual, los períodos 01 y 02 contienen cada uno subpáginas ordenadas para las Semanas 01 al 10 y de la Semana 11 al 20 respectivamente, a su vez las Semana 01 y 02 ya tiene subpáginas creadas para las primeras 3 lecciones, como puedes ver las demás semanas aún no tienen subpáginas para sus Lecciones. Procede entonces a crear dichas subpáginas, haz Clic en el enlace a la "**Semana 03**"

Insertar índices con enlace automático "Listado a subpáginas" nuevas en las páginas principales.

Al Ingresar a la página de la Semana 03 haces Clic en el botón "**Editar página (e)**"

Haz Clic en "**Insertar**" y en la opción "**Listado de subpáginas**" luego sigue los pasos mostrados en las imágenes a continuación.

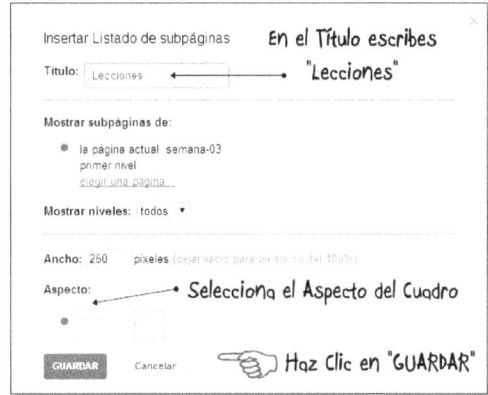

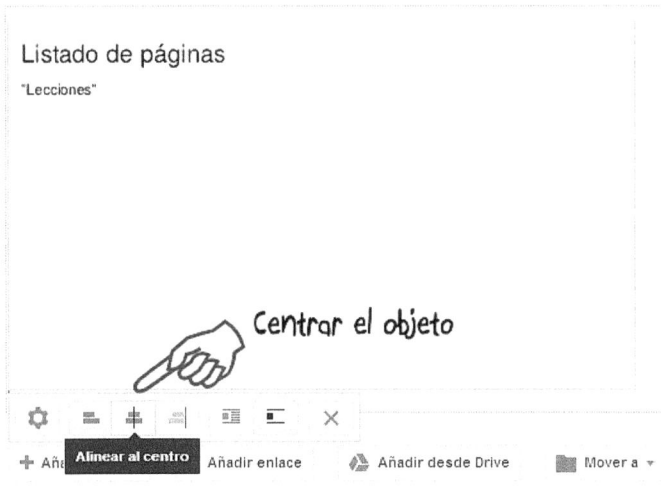

Después de centrar el objeto que contendrá el "Listado de subpáginas" haces Clic en el botón "**Guardar la página (Ctrl+s)**"

Ahora cada vez que crees nuevas subpáginas para las lecciones de la Semana 03 éstas aparecerán en el Listado del índice de enlaces de subpáginas.

Crear páginas nuevas y clasificarlas como subpáginas.

Procede ahora a crear las nuevas subpáginas para las lecciones de la Semana 03. Haz Clic en el botón "**Página nueva (c)**"

Sigue los pasos mostrados en la siguiente imagen:

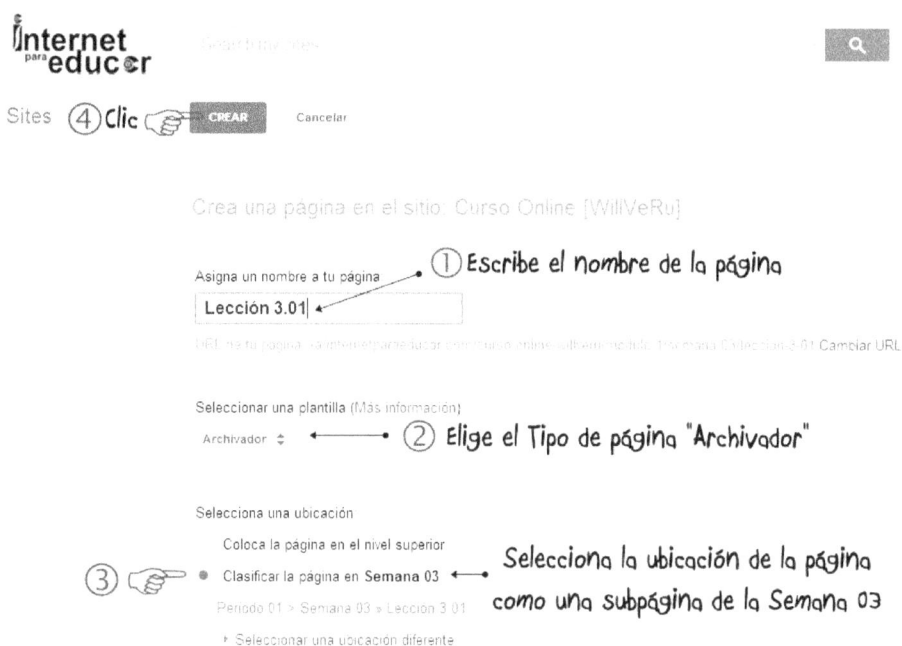

La nueva página de contenidos para la Lección 3.01 ha sido creada y clasificada como una subpágina de la semana 03, ahora continuando con el ejercicio, configuraremos la página y crearemos el enlace en el menú lateral.

Configurar y Agregar la página nueva al menú de la barra lateral de enlaces a las páginas de contenidos.

Configura la página para mostrar el enlace en la barra del menú lateral. Haz Clic en "**Más acciones (m)**" y en "**Configuración de la página**" **(u)**, sigue los pasos:

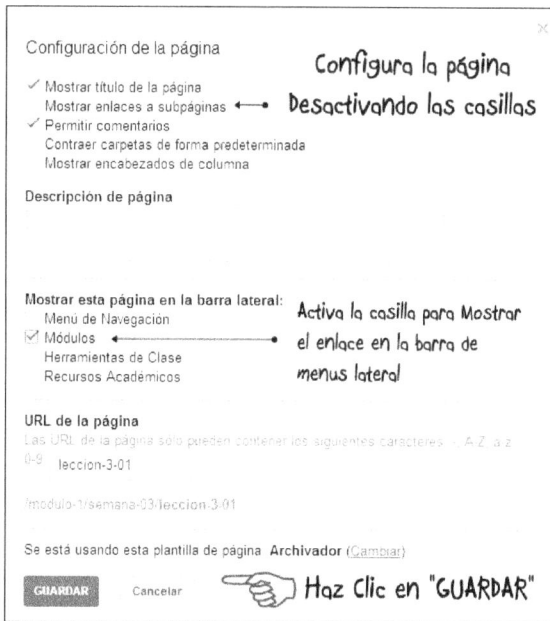

Módulos

▾ 'Periodo 01
  ▾ 'Semana 01
    Lección 1.01
    Lección 1.02
    Lección 1.03
  ▾ 'Semana 02
    Lección 2.01
    Lección 2.02
    Lección 2.03
  Semana 03 ◂
  Semana 04
  Semana 05
  Semana 06
  Semana 07
  Semana 08
  Semana 09
  Semana 10
▾ 'Periodo 02
  Semana 11
  Semana 12
  Semana 13
  Semana 14
  Semana 15
  Semana 16
  Semana 17
  Semana 18
  Semana 19
  Semana 20
Lección 3.01 ☞

Ordenar la Jerarquía en el Menú

En el Bloque "**Módulos**" aparecerá el enlace a la nueva página creada "**Lección 3.01**" para situar el enlace en el orden jerárquico correspondiente como una subpágina de la semana 03 en el menú superior haces lo siguiente:

✏ 📄 ⚙▾

Acciones de página   ① ☞
Historial de revisiones
✉ Suscribirse a los cambios de la página
Configuración de la página
🖨 Imprimir página
📋 Copiar página
Mover página
🗑 Eliminar página
Obtener vista previa de la página como lector

Plantillas de páginas
Guardar como plantilla de página
Cambiar la plantilla de página

Acciones del sitio
✉ Suscribirse a los cambios del sitio
Modificar el diseño del sitio ☞ ②
Administrar sitio

Ahora para "Configurar la navegación" debes ubicar el enlace de la página "Lección 3.01" justo debajo del enlace de la "Semana 03", seleccionando el enlace de la página y usando la flecha "**Subir**"

Configurar la navegación   ✕

Título: Módulos
    ✓ Mostrar título

Organizar automáticamente mi navegación
Selecciona las páginas que deseas mostrar
  Semana 14
  Semana 15
  Semana 16
  Semana 17
  Semana 18
  Semana 19
  Semana 20
  Lección 3.01

Añadir página   Añadir URL

Incluir un enlace a
  Mapa del sitio
  Actividad reciente del sitio

Aceptar   Cancelar

② *Haz Clic en la flecha subir*

⬆
⬇
◄ Subir
◄
🗑

① *Selecciona la página de la Lección 3.01*

Luego que has ubicado el enlace debajo del enlace de la "**Semana 03**", haces Clic en la flecha "**Sangrar**" y luego en el botón "**Aceptar**"

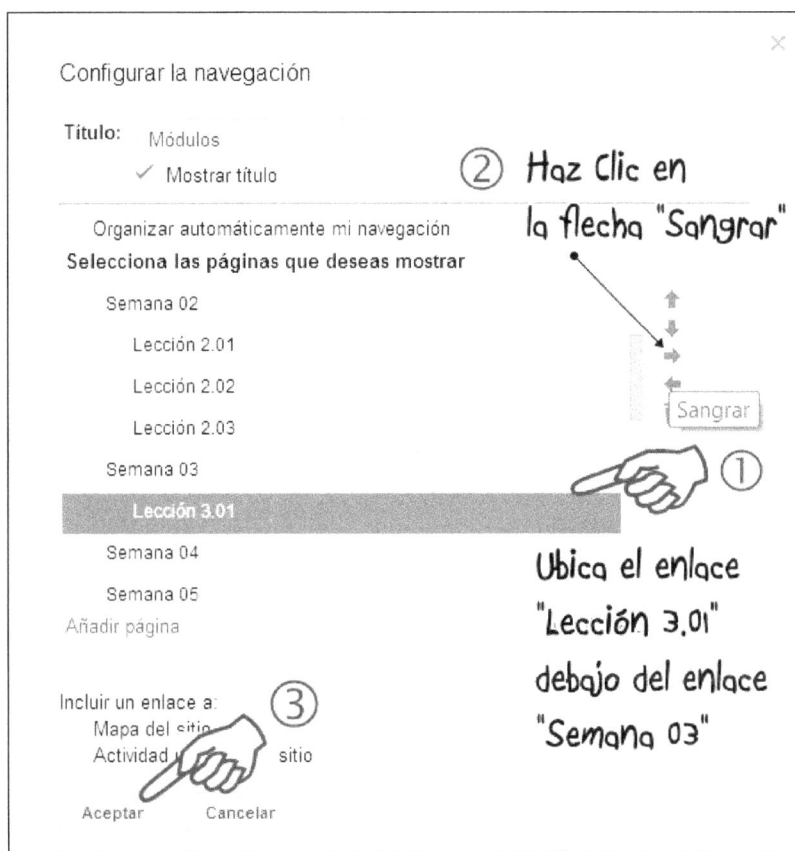

Una vez los cambio se completado, haz Clic en el Botón del teclado "**Esc**" o Clic en el botón de la página "**Cerrar**"

Repite el proceso para crear las páginas de las Lecciones 3.02, 3.03, etc…

Cómo crear páginas principales, para Periodos o Módulos, Semanas.

Haz Clic en el botón "**Página nueva (c)**"

Para crear más páginas para los Períodos o Módulos, solo debes tener en cuenta la ubicación dentro de la jerarquía al momento de crearlas, para las páginas de los Periodos o Módulos, debes elegir la ubicación como "**Nivel superior**" y para el caso de las páginas "**Semanas**" clasificar la ubicación como "**Período #**" correspondiente.

Ahora inserta un Cuadro de Lista de subpáginas en el "**Periodo 03**" que mostrará automáticamente el índice de "Semanas" y "Lecciones" que vayas creando para tu curso.

En modo de Edición. Haz Clic en "**Insertar**" y en la opción "**Listado de subpáginas**" y sigue los pasos de las imágenes del ejemplo:

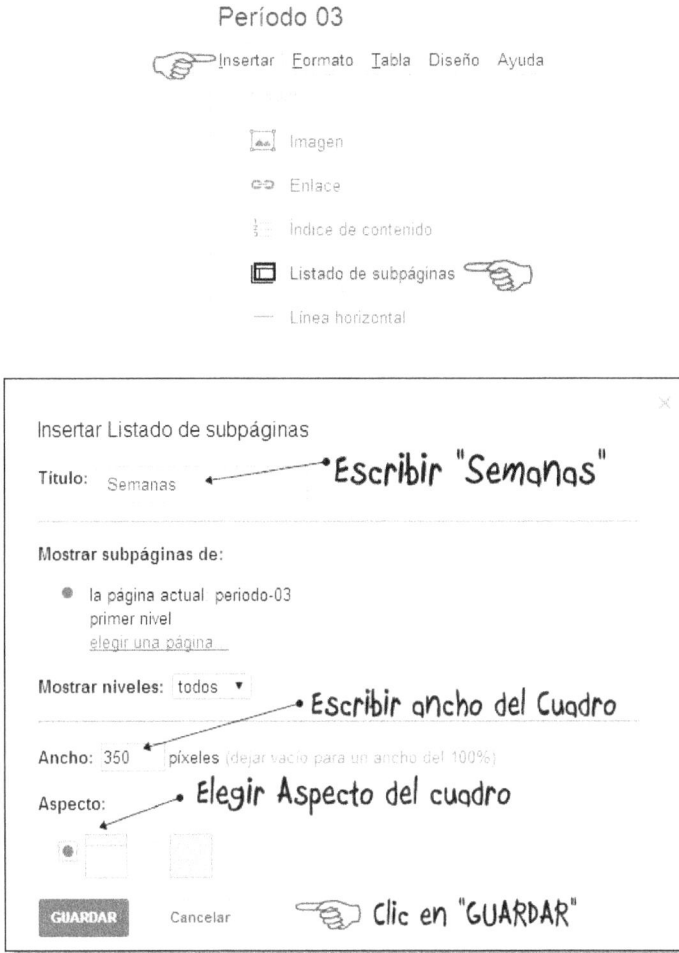

Después de centrar el objeto que contendrá el "Listado de subpáginas" haces Clic en el botón "**Guardar la página (Ctrl+s)**"

Guardar   Cancelar

Guarda la página. (Ctrl + s)

Configura la página para mostrar el enlace en la barra del menú lateral. Haz Clic en "**Más acciones (m)**" y en "**Configuración de la página**" (u).

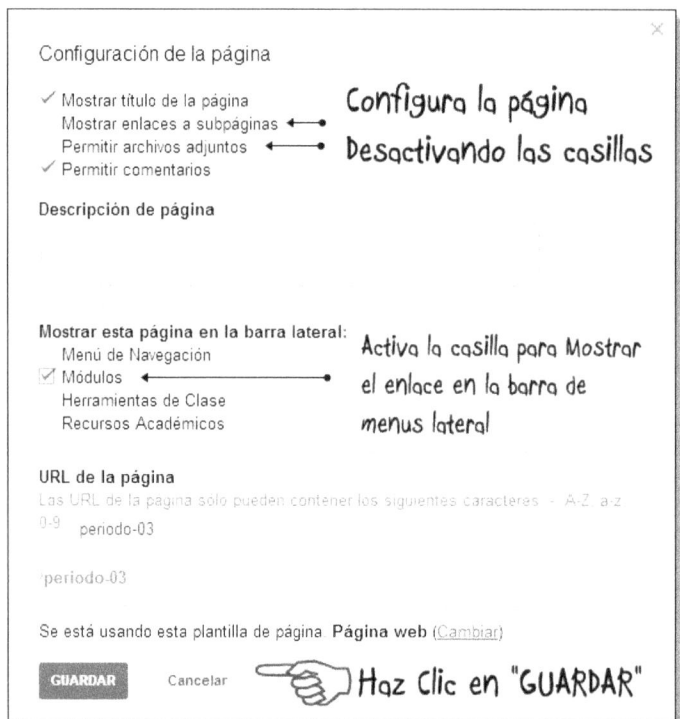

Acciones de página

Historial de revisiones

Suscribirse a los cambios de la página

Configuración de la página

Imprimir página

Copiar página

Configuración de la página

✓ Mostrar título de la página
   Mostrar enlaces a subpáginas
   Permitir archivos adjuntos
✓ Permitir comentarios

Configura la página Desactivando las casillas

Descripción de página

Mostrar esta página en la barra lateral:
   Menú de Navegación
✓ Módulos
   Herramientas de Clase
   Recursos Académicos

Activa la casilla para Mostrar el enlace en la barra de menus lateral

URL de la página
Las URL de la página sólo pueden contener los siguientes caracteres - A-Z a-z 0-9 periodo-03

periodo-03

Se está usando esta plantilla de página **Página web** (Cambiar)

GUARDAR   Cancelar   *Haz Clic en "GUARDAR"*

De acuerdo al temario de tu Programa educativo podrás crear todas las páginas principales y subpáginas de contenidos y organizarlos según sea necesario.

En la Plantilla de la Plataforma Educativa PETIC hemos organizado *la Jerarquía del Curso* con las páginas y subpáginas de la siguiente manera:

Periodos > Semanas > Lecciones.

Recuerda tu tienes el dominio sobre tu Plataforma Educativa, puedes cambiar los Nombres de las Páginas principales según tu necesidad por ejemplo:

Módulos > Temas > Lecciones.
Logros> Semanas > Lecciones.

Basta con cambiar los nombres a los Títulos de acuerdo a tu programa o temario educativo. Puedes personalizar La Plataforma PETIC en apariencia, forma y contenido.

Podrás "*Cambiar la apariencia de PETIC*", el encabezado, colores y personalizar tu Aula Virtual. Para ver el vídeo y aprender a hacerlo paso a paso ingresa a: **http://goo.gl/eW2RBz**

Capítulo 4

4. Compartir y otorgar permisos de acceso a Tu Aula virtual a nivel de páginas.

Membresía

4.1 Compartir y otorgar permisos de acceso a Tu Aula virtual a nivel de páginas.

Compartir los contenidos de tu curso o materia en tu Aula virtual [P.E.T.I.C.] a nivel de páginas con el Grupo o Grupos de estudio

Los permisos a nivel de página te permiten determinar niveles de acceso para diferentes usuarios del área administrativa y estudiantes de manera individual o Grupal en las distintas páginas que conforman tu Plataforma Educativa. Por ejemplo, puedes permitir o no permitir que todos tus alumnos vean un conjunto de páginas, incluso permitir que uno o más docentes que colaboren contigo editen otro conjunto de páginas y mantener otro conjunto de páginas en privado solo para ti.

Mediante este ejercicio aprenderás:

- Habilitar, activar y administrar los permisos de acceso a nivel de página.

Los permisos de nivel de página están desactivados de forma predeterminada. Para activar los permisos de nivel de página sigue estos pasos:

1. En el menú, haz Clic en el botón "**Compartir**" (arriba a la derecha).

2. Ahora en la pagina de administración del sitio haz clic en "**Habilitar los permisos de nivel de página**", el botón de enlace lo encuentras arriba a la derecha (Ver imagen a continuación).

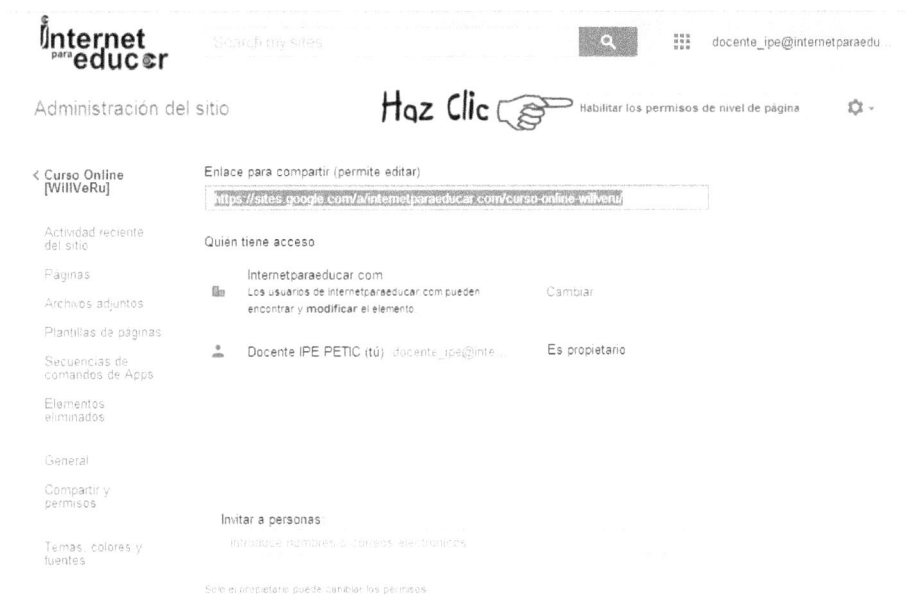

3. En el cuadro de diálogo, haz clic en "**Activar los permisos de nivel de página**".

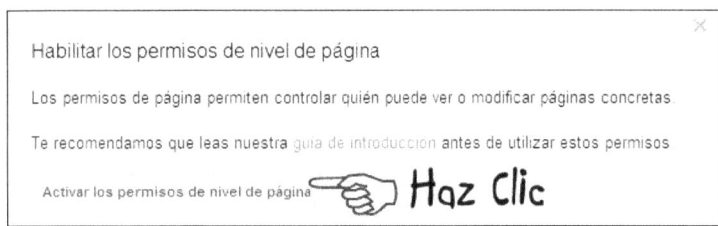

Ahora podrás empezar a configurar los permisos de acceso para cada uno de los Periodos, Logros o conjunto de páginas segun tengas dispuesta la jerarquía y nombres de las páginas principales y subpáginas en tu curso virtual. (Período > Semana > Lección).

- Añadir el Grupo o Grupos de estudio.

Para que un usuario, estudiante o Grupo pueda ver o modificar una página concreta, primero debes añadir a dicho usuario o Grupo **al Sitio**. Después, podrás cambiar los permisos en las páginas y subpáginas que quieres que vea o modifique.

Para ello haz clic en Sitio: "**Tu Curso online**" y luego añade el correo del Grupo, o Grupos separados por comas. Ten en cuenta que también puedes añadir usuarios de manera individual usando sus correos personales o institucionales. Sigue los pasos de la imagen:

Luego haces Clic en el botón "**Aceptar**"

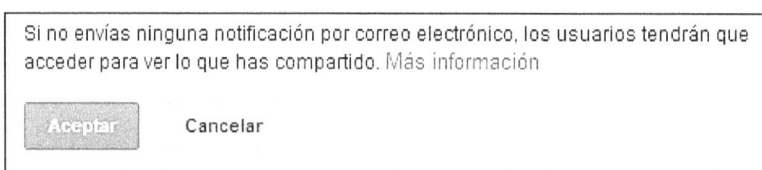

Una vez que hayas activado los permisos de nivel de página y añadido usuarios a tu Sitio, podrás controlar los permisos que quieres otorgar a los usuarios en cada página o conjunto de páginas. A continuación cambiaremos las opciones de visibilidad general del Sitio, sigue los pasos 1 y 2 de la imagen:

Sitio: Curso Online [WillVeRu]

Actividades o Tareas

Archivos o Bibliotecas

Cronograma de Estudio

Diccionario RAE

Instrucciones para visualizar páginas externas

Lista

Período 01

Período 02

Período 03

Portal de Bienvenida

Programa de Estudio

Tablero de Anuncios

WikiLibros

Wikipedia

Las páginas nuevas adquieren los permisos predeterminados. Si deseas añadir a un usuario a una página concreta, debes añadirlo antes al sitio.

Enlace para compartir (permite editar)

https://sites.google.com/a/internetparaeducar.com/curso-online-willveru/

Quién tiene acceso

Internetparaeducar.com
Los usuarios de Internetparaeducar.com pueden encontrar y modificar el elemento.

Docente IPE PETIC (tú) docente_ipe@inte...   Es propietario

Taller 100% Practico taller-100-practico@g...   Puede ver ▾   ✕

Invitar a personas

Introduce nombres o correos electrónicos.

Solo el propietario puede cambiar los permisos.

Ahora elige la opción "**Ciertos usuarios**" y luego haz clic en el botón "**Guardar**"

Sitio: Curso Online [WillVeRu]

Actividades o Tareas

Archivos o Bibliotecas

Cronograma de Estudio

Diccionario RAE

Instrucciones para visualizar páginas externas

Lista

Período 01

Período 02

Período 03

Portal de Bienvenida

Programa de Estudio

Tablero de Anuncios

WikiLibros

Wikipedia

Las páginas nuevas adquieren los permisos predeterminados. Si deseas añadir a un usuario a una página concreta, debes añadirlo antes al sitio.

Opciones de visibilidad:

Público en la Web
Cualquier usuario de Internet puede encontrar el elemento y acceder a él sin necesidad de iniciar sesión.

Cualquier usuario que tenga el enlace
Cualquier usuario que disponga del enlace puede acceder al elemento sin necesidad de iniciar sesión.

Internetparaeducar.com
Los usuarios de Internetparaeducar.com pueden encontrar el elemento y acceder a él.

Los usuarios de Internetparaeducar.com que reciban el enlace
Pueden acceder al elemento los usuarios de internetparaeducar.com que reciban el enlace.

Ciertos usuarios
Compartido con ciertos usuarios.

Guardar   Cancelar

1. En la jerarquía del sitio que aparece a la izquierda de la página Compartir y permisos, haz clic en el "Período 01" para configurar permisos para ese conjunto de páginas, la Página principal y subpáginas.

2. De forma predeterminada, la página principal y sus subpáginas utilizarán los mismos permisos que el Sitio. Para que la página utilice permisos diferentes, haz clic en el botón "**Cambiar**"

3. Haz clic en "**Utilizar permisos personalizados**", sigue los pasos de la imagen:

Sitio: Curso Online [WillVeRu]

Actividades o Tareas

Archivos o Bibliotecas

Cronograma de Estudio

Diccionario RAE

Instrucciones para visualizar páginas externas

Lista

Período 01

Semana 01

Lección 1.01

Lección 1.02

Lección 1.03

Semana 02

Semana 03

Semana 04

Semana 05

Semana 06

Semana 07

Semana 08

Semana 09

Semana 10

Período 02

Las páginas nuevas adquieren los permisos predeterminados. Si deseas añadir a un usuario a una página concreta, debes añadirlo antes al sitio.

Permisos del sitio : Período 01

Empieza con la lista siguiente e incluye los cambios que se realicen posteriormente en Curso Online [WillVeRu]   Cambiar

Enlace para compartir (solo accesible para colaboradores)

https://sites.google.com/a/internetparaeducar.com/curso-online-willveru/modulo-1

Quién tiene acceso

Tienen acceso usuarios específicos   Cambiar

Docente IPE PETIC (tú) docente_ipe@inte...   Es propietario

Taller 100% Practico taller-100 practico@g...   Puede ver ▾   ✕

EL Conjunto de páginas y subpáginas adquieren los mismos permisos de la página principal "Período 01"

Acto seguido, podrás reconfigurar o administrar el **nivel de acceso** (Puede editar o Puede ver) de cada usuario o Grupo a esta página y sus subpáginas. Si no quieres que un usuario o Grupo concreto pueda acceder a la página o conjunto de páginas, haz clic en el icono ✕ que aparece a la derecha de su nombre del usuario o Grupo. Esto también evitará que esta persona o Grupo pueda ver las páginas a las que se accede desde esta página.

Taller 100% Practico taller-100-practico@g...   Puede ver ▾   ✕

Puede editar

✓ Puede ver

Haz clic en "**Guardar cambios**" para guardar los permisos de nivel de página. Ten en cuenta que está reconfiguración es siempre reversible.

Si deseas otorgar y administrar permisos diferentes a páginas o subpáginas dentro del conjunto de la página principal, en el ejemplo "Período 01" deberás seguir los mismos pasos en ese subconjunto de páginas, "Semana 01" o página en concreto "Lección 01" etc...

Puedes ver los permisos que tienen los usuarios en esta página en el cuadro que aparece a la derecha de la página **Compartir y permisos**. Asimismo, puedes ver los permisos de otras páginas haciendo clic en ellas en la jerarquía de tu sitio, a la izquierda de la página **Compartir y permisos**.

Aprender más acerca de como Compartir a Nivel de páginas: **http://goo.gl/v87LLf**

Si conviertes tu sitio en público, se anularán tus permisos de nivel de página. Los usuarios que visiten tu sitio siempre disfrutarán del nivel de acceso más alto posible, aunque los hayas eliminado de una página concreta. Por ejemplo, si decides que tu sitio sea de visibilidad pública, pero eliminas a una persona concreta de una página, esta seguirá teniendo acceso a ella.

4.2 Crear Mensaje de Bienvenida y enlace a Tu Aula virtual en el Grupo de estudio.

Dar acceso Tu Aula virtual [P.E.T.I.C.] a través del Grupo de estudio

Ya tienes tu Aula virtual (Sitio) lista, ahora invitarás a tus alumnos a ingresar a ver e interactuar con los contenidos y páginas compartidas, para ello crearas un enlace en el mensaje de Bienvenida en la página del Grupo de estudio, ingresa al Grupo y…

En el cuadro de editor de texto para el mensaje de bienvenida escribe el mensaje de bienvenida al curso y el texto o frase que usaras como enlace, como puedes observar el menú del procesador es similar al que usamos para editar contenidos.

Ten en cuenta que si lo deseas además de texto de enlace, podrás usar una imagen como enlace, para ello debes subir la imagen en el mensaje de bienvenida del Grupo de estudio y crear el vínculo o enlace para dicha imagen.

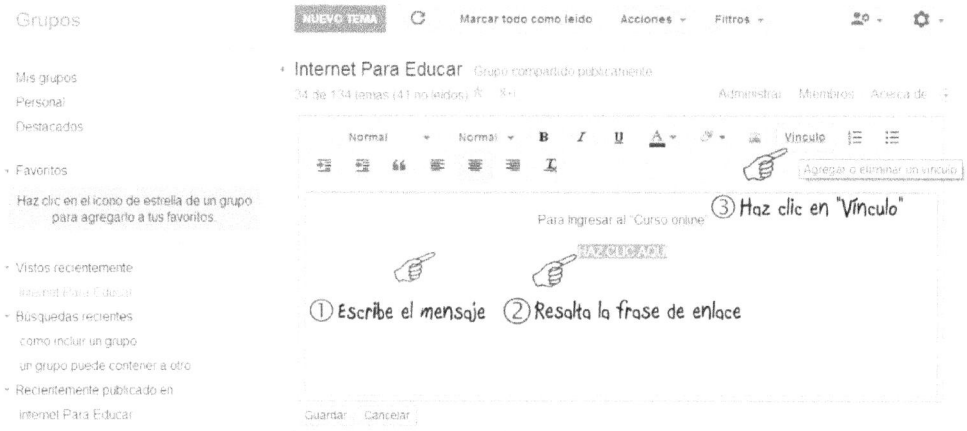

Previamente copia la dirección web (URL) de tu Aula virtual y en el cuadro de dialogo pégala en la casilla **¿A qué URL debe ir este vínculo?**, ver imagen:

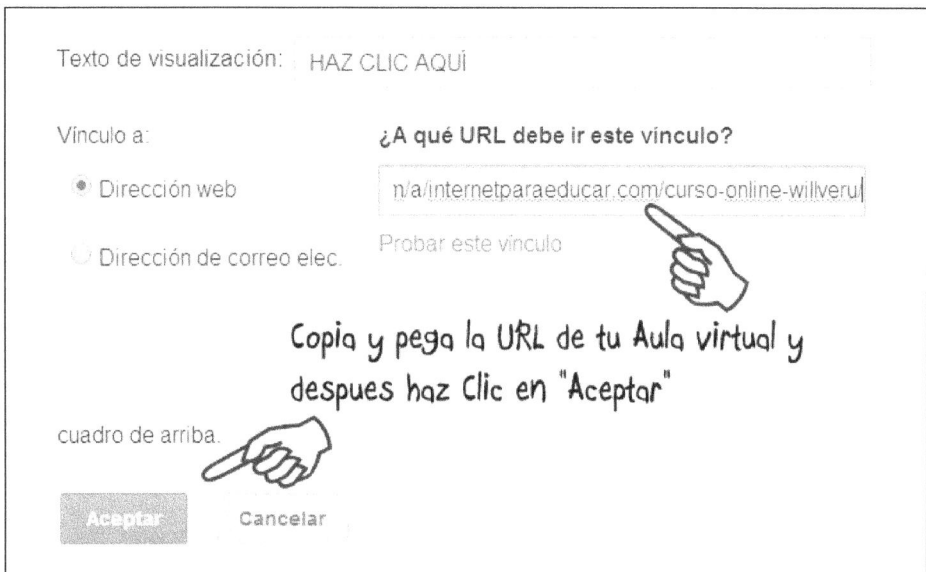

Y luego haz clic en el botón "**Guardar**"

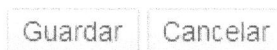

De está manera los miembros del Grupo podrán acceder a la Plataforma educativa,
ingresando a la página del Grupo de estudio correspondiente y haciendo Clic en el
enlace.

Capítulo 5

5. Actividades y Tareas en el Aula Virtual PETIC

5.1 Actividades y Tareas en el Aula Virtual

- Implementación de tareas mediante Documentos compartidos para desarrollo individual o Grupal.
- Implementación de cuestionarios mediante la herramienta Formularios.
- Implementar un Glosario de términos para edición compartida.

Implementación de tareas mediante Documentos compartidos para desarrollo individual o Grupal

Google apps educación nos brinda una serie de aplicaciones que te permiten desarrollar y plantear actividades para tus alumnos, estás actividades permitirán a tus estudiantes elaborar, discutir, reflexionar y participar de manera permanente y hacer sus conclusiones aportando sus opiniones, entregando informes o tareas, usando los Documentos de Google e incluso en otros formatos como PDF o Microsoft Office.

Durante este ejercicio aprenderás a incorporar las actividades educativas utilizando estas aplicaciones dentro de tu Aula virtual.

Las Tareas

Una tarea es una actividad en el Aula virtual que permite al docente asignar un trabajo a los alumnos, quienes deberán preparar normalmente en un formato electrónico vía online de tipo, Documento de texto, Presentación de diapositivas, Imágenes, Gráficos o Vídeos.

El resultado completado por el alumno deberá **Compartirlo** con el docente a través del amplio sistema de comunicación que ofrece la plataforma. Los documentos, archivos o enlaces quedarán almacenados en el Drive tanto del Alumno como del docente, para que puedan ser evaluados, retroalimentados y calificados por el profesor. Luego el alumno podrá visualizar su calificación vía online.

Tipos de Tareas

Existen varias posibilidades de implementación de Tareas o actividades: Documentos de Texto en línea, Subir un archivo o realizar actividades fuera de línea y compartirlas en diversos formatos, audios, vídeos, imágenes, etc…

Planificar una Tarea

Planificar una Tarea es un paso fundamental para lograr los objetivos esperados. Dentro de la planificación de una tarea es importante que pueda considerar los siguientes puntos:

- Nombre de la Tarea o Actividad.
- Describir las indicaciones para la realización de la Tarea.
- El objetivo principal que deseas lograr en tus alumnos, como resultado del desarrollo y presentación de la Tarea.
- Si los estudiantes deberán desarrollar actividades previas al desarrollo de la Tarea.
- El tiempo que deben emplear los alumnos en completarla.
- La Fecha y hora de inicio en que se plantea la actividad y la fecha y hora limite de entrega.
- Las descripciones y especificaciones deben ser muy claras, concretas y de fácil comprensión, para que los estudiantes puedan desarrollarla con éxito.
- Se debe tener presente indicar la forma cómo se presentará el resultado final de la Tarea, ya sea a través de un documento de texto, una presentación, un mapa conceptual, , un archivo de vídeo o audio, un enlace, una imagen, etc.

Publicar la actividad o Tarea.

Las Actividades o tareas las podrás publicar en tu Aula virtual, en cada una de las lecciones o a través de la página "Actividades o Tareas" donde podrás crear entradas en orden cronológico, insertando en cada una de estas páginas (Entradas) las tareas propuestas y los respectivos formularios, cuestionarios, documentos, y el material de apoyo necesario para que el alumno cumpla con las actividades propuestas.

Implementación de cuestionarios mediante la herramienta Formularios.

Formularios es una herramienta muy completa que utilizaras para desarrollar cuestionarios, para evaluar el conocimiento adquirido por tus alumnos, y valorar cuanto han avanzado en su aprendizaje.

Un cuestionario puede utilizarse para desarrollar: Exámenes del curso, Test para tareas de lectura, Prácticas calificadas y para Auto-evaluación.

Planificar un cuestionario.

Lo primero que debes considerar es tener claro cual es el objetivo que deseas alcanzar al plantear el desarrollo del cuestionario, entre otros: Nombre de la evaluación, por ejemplo "Evaluación inicial del Periodo 01", deberás especificar el tipo de preguntas que vas a usar en dicho cuestionario.

Crear un Formulario de Google.

1. Ingresar a Drive y hacer clic en el botón "**CREAR**" y elegir la opción "**Formulario**".
2. Escribir el Nombre de la evaluación.
3. Describir brevemente el objetivo y las condiciones del cuestionario.
4. Los Tipos de Preguntas.
5. Agregar las preguntas.
6. Configurar la hoja de cálculo donde se almacenarán las respuestas.
7. Compartir o insertar el Cuestionario en tu Aula virtual en la página correspondiente.

Estos pasos a seguir y todos los tipos de preguntas disponibles para crear tus cuestionarios los podrás aprender observando el **Vídeo tutorial** ingresando al enlace que compartimos a continuación:

Creación y configuración de cuestionarios o encuestas usando todos los tipos de preguntas disponibles con la herramienta "Formularios" de Google Docs. **http://goo.gl/zQTvJJ**

Formulario para Reporte de respuestas a las Actividades y Tareas propuestas en el Aula virtual.

Una buena idea es preparar un formulario para que los alumnos del Grupo reporten sus tareas, este Formulario deberá contener los siguientes campos (preguntas):

- Nombre del Alumno
- Correo electrónico del alumno
- Programa académico, Materia o Tema.
- URL de enlace al documento que contiene la respuesta a la Tarea o Actividad propuesta.

En el caso de las **cuentas corporativas o institucionales** se podrá obviar el campo "Correo electrónico", Ya que el sistema permite recoger está información automáticamente en el momento de crear el Formulario.

Una vez creado el Formulario de Reporte de Respuestas de Actividades o Tareas, podrás crear copias del mismo y cambiarles el nombre a cada formulario por el nombre de la Tarea o Actividad propuesta, así insertarás en cada página que contenga una Tarea, el Formulario que le corresponda a dicha lección.

 A continuación podrás observar las imágenes donde encuentras los pasos a seguir para elaborar el Formulario de Reporte de Respuestas y la manera como la podrás publicar en las páginas de las lecciones o en la página de "**Actividades o Tareas**" del Aula virtual.

Ingresa a la aplicación Drive y sigue los pasos 1 y 2 para crear un Formulario que ves a continuación:.

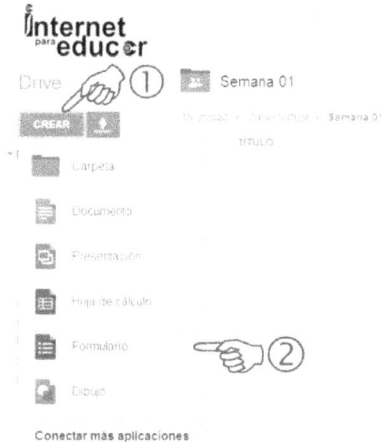

En el cuadro de dialogo escribe un nombre para el Formulario, Selecciona el diseño y haz clic en "**Aceptar**":

Sigue los pasos para crear y configurar el formulario Reporte de Actividades que ves a continuación:

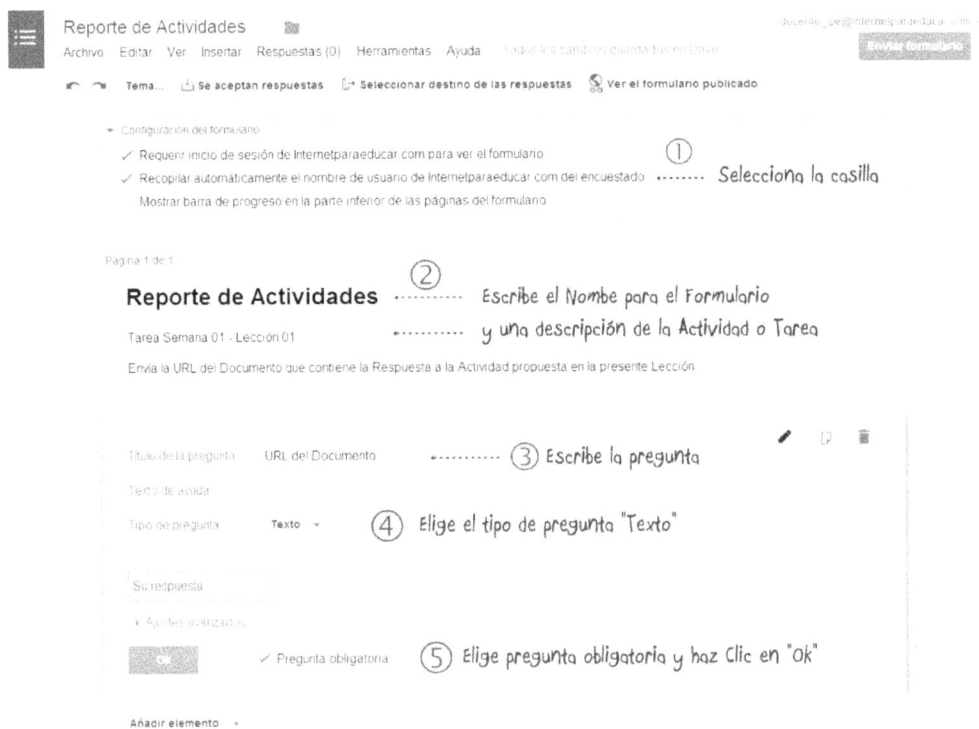

Una vez que hayas compartido el formulario, Formularios de Google empezará a recopilar las respuestas que recibas. Se te pedirá que elijas cómo almacenar estas respuestas. (Nota: puedes definir esta opción en cualquier momento durante la edición del formulario haciendo clic en el botón "Seleccionar destino de las respuestas" de la barra de tareas.)

Puedes optar por enviar las respuestas a una hoja de cálculo o por guardarlas solo en Formularios de Google. Si las guardas en una hoja de cálculo, podrás ver las respuestas individuales a medida que se reciban. Si decides almacenarlas en Formularios, podrás ver un resumen de todas las respuestas que has recibido, y también podrás descargar las respuestas como un archivo CSV.

Sigue los pasos 1 y 2 de la imagen a continuación:

Reporte de Actividades

Archivo   Editar   Ver   Insertar   Respuestas (0)   Herramientas   Ayuda   Todos los cambios guardados en Drive

Tema...   Se aceptan respuestas   Seleccionar destino de las respuestas   Ver el formulario publicado

② Haz Clic

Configuración del formulario
- Requerir inicio de sesión de Internetparaeducar.com para ver el formulario.
- Recopilar automáticamente el nombre de usuario de Internetparaeducar.com del encuestado
- Mostrar barra de progreso en la parte inferior de las páginas del formulario.

Página 1 de 1

Reporte de Actividades

Tarea Semana 01 - Lección 01

Envia la URL del Documento que contiene la Respuesta a la Actividad propuesta en la presente Lección.

URL del Documento

Añadir elemento

Página de confirmación:

Hemos registrado tu respuesta.

Mostrar enlace para enviar otra respuesta   ① Desactiva las casillas
Publicar y mostrar un enlace público a los resultados del formulario
Permitir que los encuestados editen las respuestas después de enviarlas

Las respuestas se almacenaran en una Nueva hoja de cálculo, haz clic en el botón
"**Crear**" del cuadro de dialogo "Seleccionar destino de las respuestas"

Seleccionar destino de las respuestas

- Nueva hoja de cálculo

Reporte de Actividades (respuestas)

Nueva hoja en una hoja de cálculo existente...

RESPUESTAS DE   HOJA DE CÁLCULO
FORMULARIO

Modifica, reorganiza y analiza sin que afecte
a las respuestas originales del formulario.

✓ Crear siempre una hoja de cálculo nueva ?

Crear   Guardar respuestas solo en formularios   Más información

Cuando elijes guardar las respuestas del formulario en una hoja de cálculo, el botón Seleccionar destino de las respuestas de la barra de herramientas se convertirá en el botón "**Ver respuestas**". Haz clic en este botón para ver tu hoja de cálculo. También encontrarás la hoja de cálculo en Drive.

Reporte de Actividades

Archivo   Editar   Ver   Insertar   Respuestas (0)   Herramientas   Ayuda   Todos los cambios guardados en Drive

↶ ↷   Tema...   ⬆ Se aceptan respuestas.   ⊞ Ver respuestas   ⚲ Ver el formulario publicado

Ya tienes el formulario "**Reporte de Actividades**" creado y configurado para recibir las respuestas. Ahora podrás crear copias de este Formulario, que usarás en las otras lecciones de tu Aula virtual para las actividades o tareas que les correspondan, para crear copias de formularios sigue los pasos mostrados a continuación:.

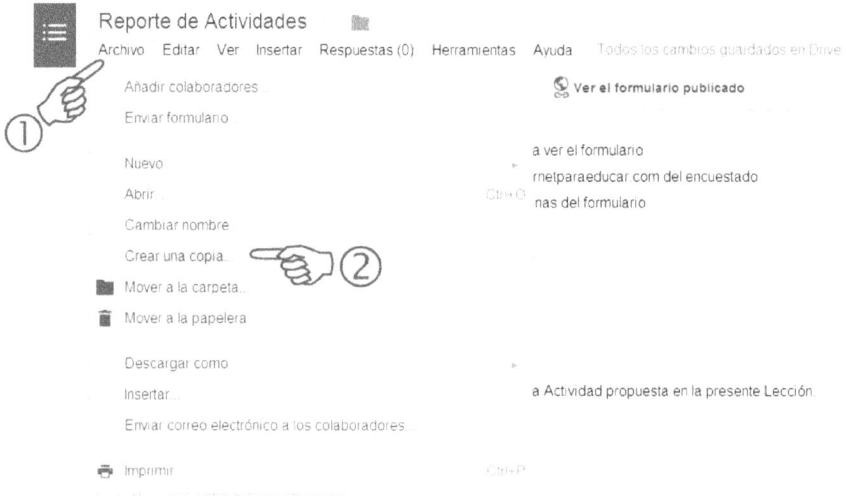

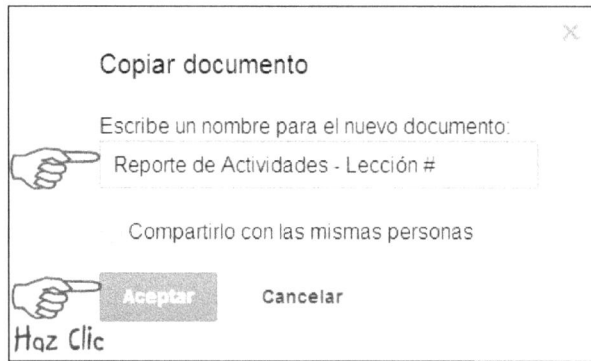

Reporte de Actividades

Archivo   Editar   Ver   Insertar   Respuestas (0)   Herramientas   Ayuda   Todos los cambios guardados en Drive

Añadir colaboradores...

Enviar formulario

Nuevo

Abrir...   Ctrl+O

Cambiar nombre

Crear una copia...

📁 Mover a la carpeta...

🗑 Mover a la papelera

Descargar como

Insertar...

Enviar correo electrónico a los colaboradores...

🖨 Imprimir   Ctrl+P

⚲ Ver el formulario publicado

a ver el formulario

rnetparaeducar com del encuestado

nas del formulario

a Actividad propuesta en la presente Lección

Copiar documento   ✕

Escribe un nombre para el nuevo documento:

Reporte de Actividades - Lección #

Compartirlo con las mismas personas

Aceptar   Cancelar

Haz Clic

En el nuevo documento de ejemplo "Reporte de Actividades – Lección 02" modifica la información de la descripción con la lección o tema que le corresponda:

A continuación podrás publicar tus tareas y los formularios correspondientes en las páginas de cada una de las lecciones o en la página de "**Actividades o Tareas**" del Aula virtual.

Ejemplo: publicar en la página "Actividades o Tareas"

Tarea Semana 01 - Lección 01   Se ha actualizado hace un minuto

Taller

PLANTILLA
P.E.T.I.C.
Plataforma Educativa TIC
www.InternetParaEducar.com

Curso Online [WillVeRu]

Portal de Bienvenida   Google+   Wikipedia   Diccionario RAE

Inserta Aquí
[Logo Institución Educativa]
[70 x 90]

Tamaño 220 x 250 px

Menú de Navegación
Portal de Bienvenida
Mapa del sitio

Módulos
▾ Periodo 01
  ▾ Semana 01
      Lección 1.01
      Lección 1.02
      Lección 1.03
  ▾ Semana 02
      Lección 2.01
      Lección 2.02
      Lección 2.03
  ▸ Semana 03
    Semana 04
    Semana 05
    Semana 06
    Semana 07
    Semana 08
    Semana 09
    Semana 10
▾ Periodo 02
    Semana 11

Escribe el Título de la Actividad

Actividades o Tareas >
Tarea Semana 01 - Lección 01
publicado a la(s) hace 2 minutos por Docente IPE PETIC

Elabora un documento explicando las ventajas del Tema tratado en la Lección 01

Una vez escribas el documento envía la URL del mismo completando el siguiente Formulario

Publica la Tarea e Inserta el Formulario de Reporte de la Actividad correspondiente

Reporte de Actividades Lección 01

Tarea Semana 01 - Lección 01

Envía la URL del Documento que contiene la Respuesta a la Actividad propuesta en la presente Lección

Tu nombre de usuario
(**usuario** @internetparaeducar.com) quedará registrado al enviar este formulario ¿No eres **usuario** ? Salir
*Obligatorio

URL del Documento *

☐ Recibir una copia de mi respuesta

| Enviar |
Nunca envíes contraseñas a través de Formularios de Google.

Con la tecnología de   Este formulario se creó en internetparaeducar.com
Google Forms   Informar sobre abusos - Condiciones del servicio -
Otros términos

Implementación de Glosario de términos para edición compartida, mediante la plantilla Glosario.

Mediante la aplicación Google Sites y utilizando la plantilla "**PETIC Glosario**" podrás crear un "Sitio wiki" para que tus alumnos participen y colaboren en la creación de un Glosario de términos para el Curso que impartes en tu Aula virtual. Si bien un glosario básico es importante en un curso, la utilización creativa de esta actividad puede llegar a tener un gran impacto en sus alumnos.

Glosarios Colaborativos: En lugar de hacer el glosario tú solo, ¿por qué no hacer que tus alumnos lo vayan construyendo a medida que encuentran términos desconocidos? Un glosario colaborativo puede servir de foco para la colaboración de los alumnos en un curso. A cada participante del curso se le podría asignar la tarea de contribuir al glosario con un término, una definición, o bien comentarios acerca de definiciones previamente incorporadas. Las definiciones múltiples (duplicadas), por ejemplo, podrían ser calificadas por ti y tus alumnos de forma que sólo aquellas que obtuviesen la mayor puntuación quedasen definitivamente incorporadas al glosario.

Cuando los estudiantes tienen la responsabilidad de crear las definiciones, son mucho más propensos a recordar la palabra y la definición correcta. Incluyéndolos en el proceso de aprender, debatir y refinar un glosario podemos recorrer un largo camino para ayudar a los estudiantes a que empiecen a usar nuevos términos.

Si tienes una clase grande, pide a equipos de estudiantes que propongan definiciones y respuestas. Una estrategia para gestionar cursos grandes es hacer que cada equipo o grupo sea responsable del equivalente a una semana de definiciones, mientras que todos los otros equipos tienen que puntuarlas y comentarlas. De forma alternativa, cada equipo podría ser responsable de una definición, y entonces puntuar y comentar el trabajo del resto de equipos.

Mediante la Asignación de carpetas los participantes podrán dividir los términos por unidad, capítulo, semana, tema o cualquier otra estructura organizativa.

También puedes crear múltiples glosarios sobre el curso o materias de un semestre.

Crear y compartir el Glosario de términos con PETIC, a través de *la plantilla pública* "Glosario PETIC" en Google Sites

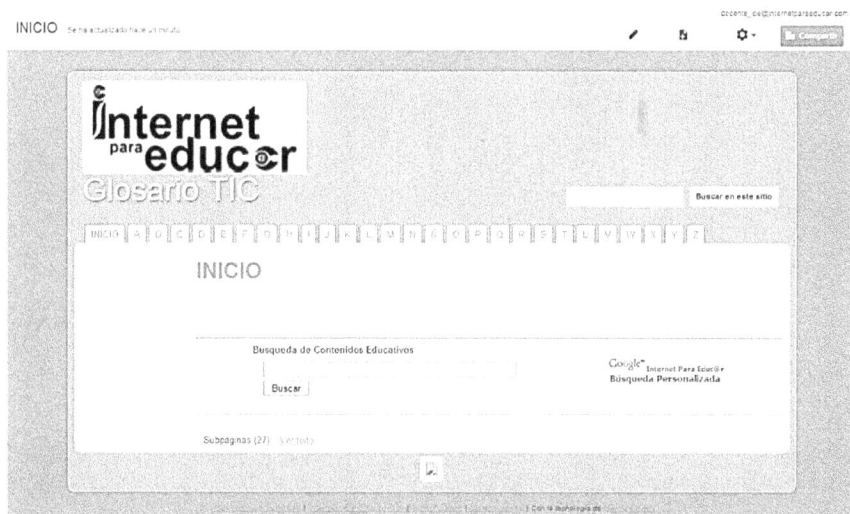

La Plantilla "Glosario PETIC" ha sido creada con la aplicación Google Sites, para acceder a la Plantilla completamente operativa, ingresa a tu cuenta de Google.

1. Haz Clic en el icono "Aplicaciones"

2. Selecciona la aplicación **"Sites"** haciendo Clic en el icono.

Recuerda para cuentas personales @gmail.com abre una nueva pestaña en tu navegador e ingresa a: http://sites.google.com

3. Ingresas a la aplicación y haces Clic en el botón rojo **"CREAR"**

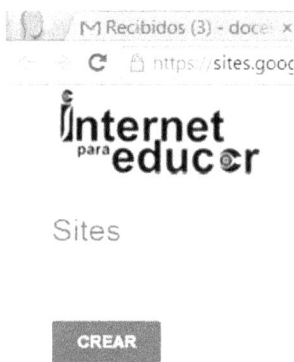

4. Luego Seleccionaremos la plantilla haciendo Clic en el enlace "**Navegar por la galería para ver más**"

CREAR   Cancelar

Selecciona una plantilla para usar:

Navegar por
la galería
para ver más

Plantilla en blanco

5. Haces clic en el Menú en la opción "**Pública**" luego escribe "**PETIC**" en la casilla de búsqueda y haces Clic en el botón de "**Buscar**" (Ver imagen de ejemplo)

Seleccionar una plantilla de sitio

internetparaeducar.com ②☞ PETIC   ③☞ Q

① ☞ Pública

       Destacadas

       Colaboración empresarial

6. Selecciona la plantilla "**Glosario PETIC**"

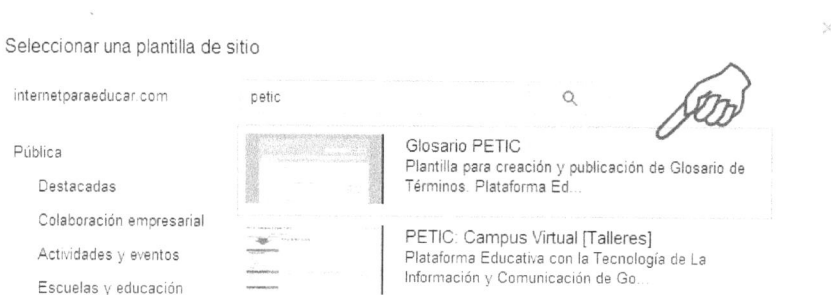

Seleccionar una plantilla de sitio

internetparaeducar.com   petic   Q

Pública

   Destacadas   Glosario PETIC
                                       Plantilla para creación y publicación de Glosario de
   Colaboración empresarial   Términos. Plataforma Ed...

   Actividades y eventos   PETIC: Campus Virtual [Talleres]
                                       Plataforma Educativa con la Tecnología de La
   Escuelas y educación   Información y Comunicación de Go...

7. Haz Clic en el botón "**Seleccionar**"

Seleccionar una plantilla de sitio

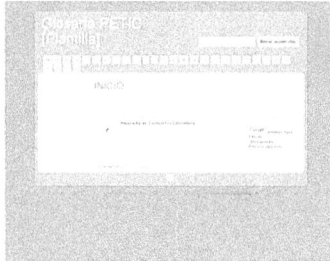

Glosario PETIC

De William Velez Ruiz

Plantilla para creación y publicación de Glosario de Términos. Plataforma Educativa TIC con la Tecnología de La Información y Comunicación de Google Apps. Para uso en los Talleres de Creación de Aulas Virtuales con el G.E W.E.B. e InternetParaEducar.com

Gadget from template directory

Seguir los pasos mostrados en la imagen a continuación:

1- Escribe en la casilla un Nombre para tu **Glosario de términos**,
2- El sistema usará el nombre para crear automáticamente la **dirección web URL del Glosario** como un subdominio de tu dominio en Google Sites. (Ejemplo: **http://sites.google.com/a/*tudominio*/nombre-del-sitio.**), podrás editar el nombre de tu sitio si lo deseas, teniendo en cuenta los parámetros con respecto a los caracteres sugeridos,
3- Para completar el procedimiento haces clic en el botón "**CREAR**".

③ ☞ **CREAR**   Cancelar

Selecciona una plantilla para usar.

| Plantilla en blanco | Glosario PETIC | Navegar por la galería para ver más |

Nombre del sitio:

Glosario TIC| ☞ ①

Ubicación del sitio: las URL solo pueden contener los caracteres siguientes: A-Z a-z 0-9

https://sites.google.com/a/internetparaeducar.com/ glosario-tic ☞ ②

Así obtienes el Glosario de Términos A-Z listo para su edición, bajo tu dominio.

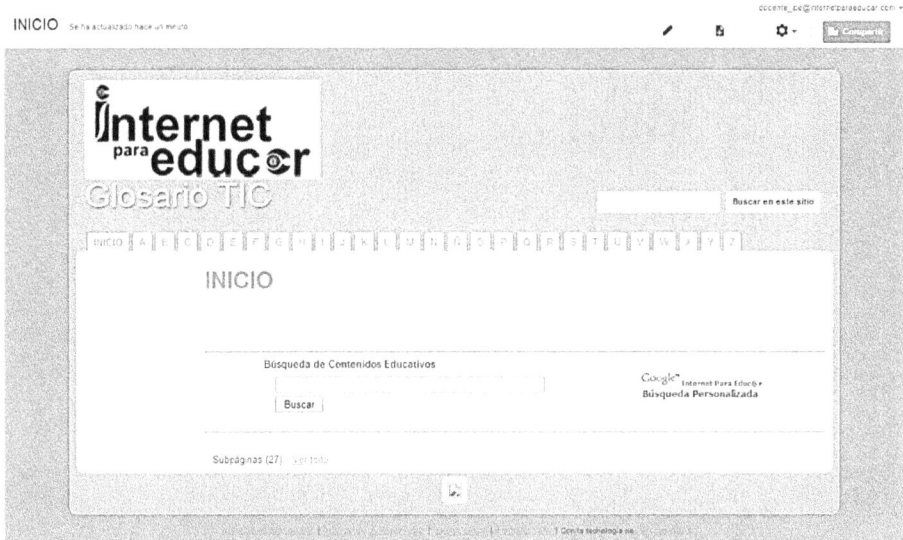

Para cuentas personales @gmail.com el sistema genera una dirección URL con subdominio de site de Google Sites. (Ejemplo: **http://sites.google.com/site/nombre-del-sitio)**

Compartir, Alimentar y Editar el Glosario de términos PETIC de tu curso

Para **Compartir, Alimentar y Editar** el Glosario de términos de tu curso sigue los pasos mostrados en la serie de imágenes a continuación.

① Clic en "Más acciones (m)"

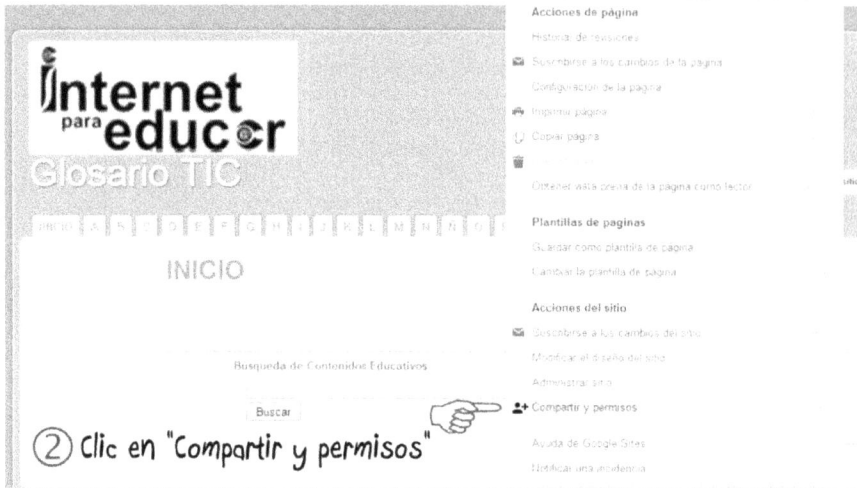

Acciones de página
Historial de revisiones
Suscribirse a los cambios de la página
Configuración de la página
Imprimir página
Copiar página

Obtener vista previa de la página como lector

Plantillas de páginas
Guardar como plantilla de página
Cambiar la plantilla de página

Acciones del sitio
Suscribirse a los cambios del sitio
Modificar el diseño del sitio
Administrar sitio
Compartir y permisos
Ayuda de Google Sites
Notificar una incidencia

② Clic en "Compartir y permisos"

Internet para educar   Search my sites   🔍

Administración del sitio

< Glosario TIC

Enlace para compartir (permite editar)
https://sites.google.com/a/internetparaeducar.com/glosario-tic/

Actividad reciente del sitio

Quién tiene acceso

Páginas

Archivos adjuntos

Internetparaeducar.com
Los usuarios de Internetparaeducar.com pueden encontrar y modificar el elemento.   Cambiar...

Plantillas de páginas

Secuencias de comandos de Apps

Docente IPE PETIC (tú) docente_ipe@inte...   Es propietario

Elementos eliminados

General

Compartir y permisos

Invitar a personas:
Introduce nombres o correos electrónicos ...

Temas, colores y fuentes

Solo el propietario puede cambiar los permisos.

112

Internet para educar

Search my sites   🔍

Administración del sitio

< Glosario TIC

Actividad reciente del sitio

Páginas

Archivos adjuntos

Plantillas de páginas

Secuencias de comandos de Apps

Elementos eliminados

General

Compartir y permisos

Temas, colores y fuentes

Opciones de visibilidad:

🌐 Público en la Web
Cualquier usuario de internet puede encontrar el elemento y acceder a él sin necesidad de iniciar sesión

Cualquier usuario que tenga el enlace
Cualquier usuario que disponga del enlace puede acceder al elemento sin necesidad de iniciar sesión

Internetparaeducar.com
Los usuarios de Internetparaeducar.com pueden encontrar el elemento y acceder a él

Los usuarios de Internetparaeducar.com que reciban el enlace
Pueden acceder al elemento los usuarios de Internetparaeducar.com que reciban el enlace

👤 Ciertos usuarios
Compartido con ciertos usuarios

☞ *Clic en la opción "Ciertos usuarios"*

Guardar   Cancelar

☞ *y haz clic en "Guardar"*

Internet para educar

Search my sites   🔍

Administración del sitio

< Glosario TIC

Actividad reciente del sitio

Páginas

Archivos adjuntos

Plantillas de páginas

Secuencias de comandos de Apps

Elementos eliminados

General

Compartir y permisos

Temas, colores y fuentes

Enlace para compartir (solo accesible para colaboradores)

https://sites.google.com/a/internetparaeducar.com/glosario-tic/

Quién tiene acceso

🔒 Privado: solo tú tienes acceso   Cambiar...

👤 Docente IPE PETIC (tú) docente_ipe@inte...   Es propietario

① *Escribe el correo del grupo* ☞

Invitar a personas:

taller-100-practico@googlegroups.com.   Puede editar ▾

② *Elige la opción "Puede editar"*

☐ Notificar a las personas por correo electrónico - Añadir mensaje

③ *Desactiva la casilla* ☞

Aceptar   Cancelar

④ *Haz clic en "Aceptar"*

Los usuarios del Grupo con el permiso de colaborador "**Puede editar**" tienen permiso para:

- Crear, editar y eliminar páginas,
- Mover páginas,
- Añadir archivos adjuntos,
- Añadir comentarios,
- Suscribirse a los cambios del sitio o de la página.

De esta manera ya podrás invitar a tus alumnos a editar los contenidos del Sitio Wiki "Glosario de términos" de tu curso.

> Si deseas una URL corta, copia la URL completa de su sitio e ingresa a **http://goo.gl,** obtén la URL corta será más sencillo compartir el Glosario de termino con tus Alumnos.

- **Mensaje de Bienvenida al Glosario colaborativo**

A continuación escribe un mensaje de bienvenida la página de inicio del Glosario de términos de tu Curso.

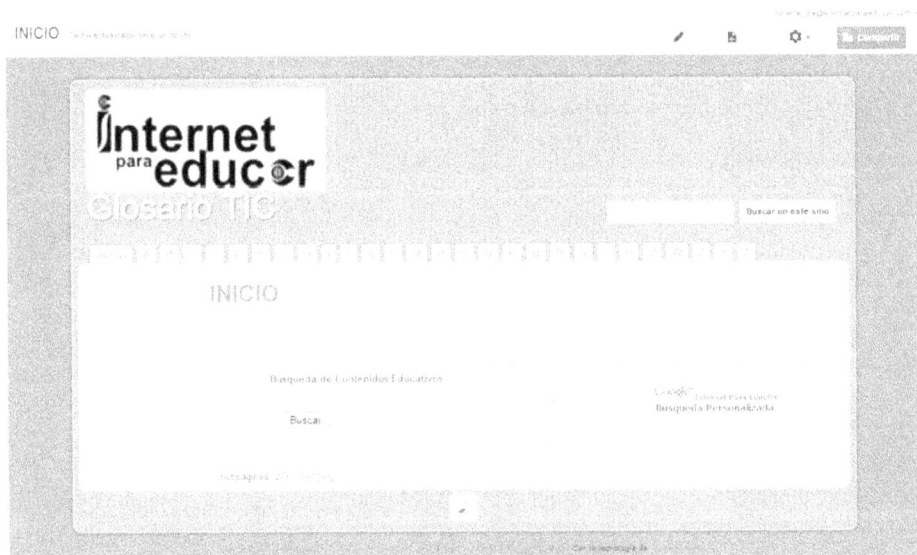

Haz Clic en el botón "**Editar página (e)**"

Haz Clic en el botón "**Guardar la página (Ctrl+s)**"

- **Suscribirse a los cambios del sitio Glosario de términos.**

Los propietarios y colaboradores del Glosario de términos pueden registrarse para recibir notificaciones por correo electrónico cada vez que el sitio o una página cambian.

Visita el sitio del Glosario de términos de tu curso y, si quieres recibir una notificación cuando una página específica cambie, ve a la página de la cual quieras recibir las notificaciones.

- Haz clic en el menú desplegable "**Más acciones**".

- Selecciona Suscribirse a los cambios del sitio.

① Haz clic en el botón "Más acciones (m)" 👉

Acciones de página

Historial de revisiones

✉ Suscribirse a los cambios de la página

Configuración de la página

🖶 Imprimir página

📄 Copiar página

🗑

Obtener vista previa de la página como lector

Plantillas de páginas

Guardar como plantilla de página

Cambiar la plantilla de página

Acciones del sitio

② Haz clic en la opción "Suscribirse a los cambios del sitio" 👉 ✉ Suscribirse a los cambios del sitio

Modificar el diseño del sitio

Administrar sitio

👤+ Compartir y permisos

Ayuda de Google Sites

Notificar una incidencia

Una vez que estés suscrito, Recibirás una notificación en tu correo electrónico cuando se realicen cambios en cualquiera de las páginas A-Z en el Glosario de términos de tu Curso.

En el correo electrónico se destacará quien y que se haya añadido o eliminado del sitio a la cual te hayas suscrito.

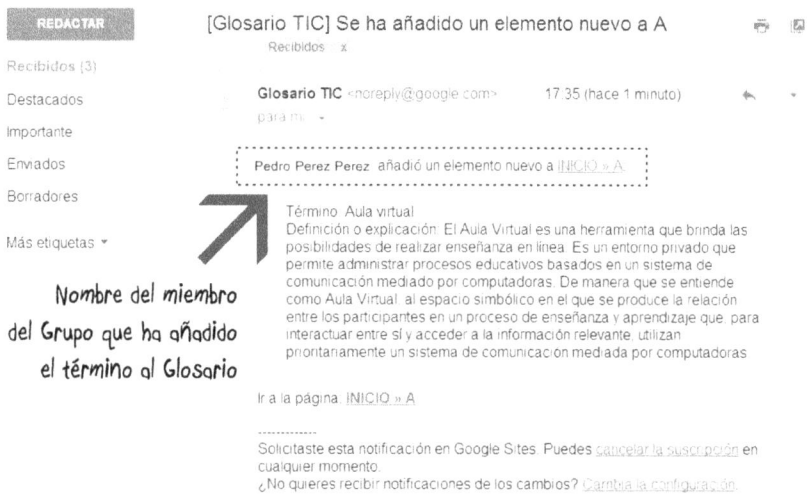

REDACTAR

[Glosario TIC] Se ha añadido un elemento nuevo a A

Recibidos x

Recibidos (3)

Destacados   Glosario TIC <noreply@google.com>   17:35 (hace 1 minuto)

Importante   para mi

Enviados

Borradores   Pedro Perez Perez añadió un elemento nuevo a INICIO » A:

Más etiquetas ▾

                           Término: Aula virtual
                           Definición o explicación: El Aula Virtual es una herramienta que brinda las
                           posibilidades de realizar enseñanza en línea. Es un entorno privado que
Nombre del miembro   permite administrar procesos educativos basados en un sistema de
del Grupo que ha añadido comunicación mediado por computadoras. De manera que se entiende
el término al Glosario   como Aula Virtual, al espacio simbólico en el que se produce la relación
                           entre los participantes en un proceso de enseñanza y aprendizaje que, para
                           interactuar entre sí y acceder a la información relevante, utilizan
                           prioritariamente un sistema de comunicación mediada por computadoras

                           Ir a la página: INICIO » A

                           Solicitaste esta notificación en Google Sites. Puedes cancelar la suscripción en
                           cualquier momento.
                           ¿No quieres recibir notificaciones de los cambios? Cambia la configuración.

- **Alimentar y Editar** el Glosario de términos PETIC de tu curso

Para añadir términos y definiciones de términos en el Glosario de términos, primero debes acceder a la página de la Letra que corresponda a la palabra que se va a añadir.

Ejemplo: Añadir el termino "**TIC**" y su "**Definición**"

Haz Clic en la pestaña de la letra "**T**" y luego haz clic en el botón "**Añadir elemento**"

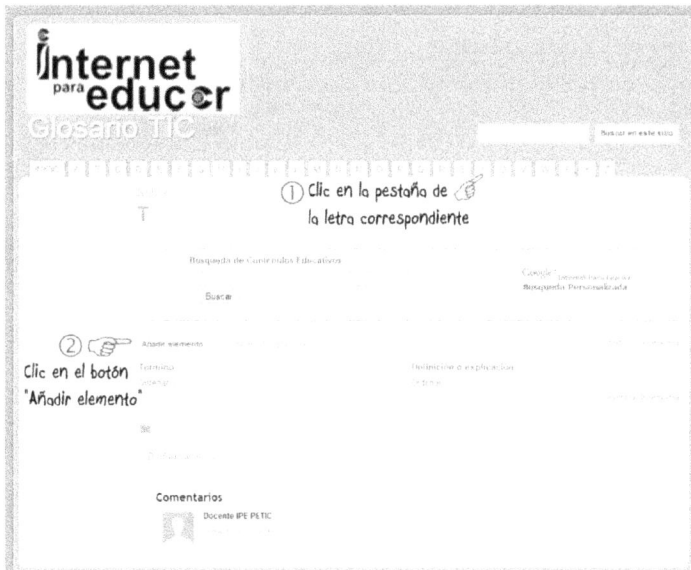

En el cuadro de dialogo escribe el término y su definición, luego haz Clic en el botón "**Guardar**"

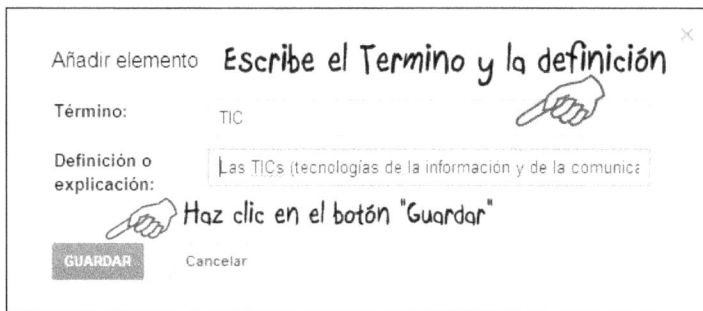

El listado de los términos en cada una de sus páginas A-Z se podrá ordenar de manera Ascendente y descendente.

INICIO >

T

Búsqueda de Contenidos Educativos

Google™ Internet Para Educ@r
Búsqueda Personalizada

Buscar

Añadir elemento   Personalizar esta lista   Mostrando 1 elementos

Término	Definición o explicación
Ordenar ▾	Ordenar ▾
TIC	Las TICs (tecnologías de la información y de la comunicación) son aquellas tecnologías que se necesitan para la gestión y transformación de la información, y muy en particular el uso de computadores, dispositivos móviles y programas que permiten crear, modificar, almacenar, administrar, proteger, compartir y recuperar esa información.

Mostrando 1 elementos

⊕ Añade archivos

Anexos

Software libre y Complementos

Classroom™: Novedosa herramienta de Google Apps Educación para gestión de tareas.
Flubaroo: Complemento para formularios que permite calificar de manera automatizada cuestionarios.
Photoscape: Gestión, creación y edición de imágenes.

Classroom™: Herramienta de tareas.

Classroom una aplicación disponible de manera gratuita a partir de septiembre de 2014, para cualquier institución educativa que use cuentas de **Google Apps Educación**. Para obtener y empezar a usar la Aplicación en español ingresa a: **http://goo.gl/t7Es6j**

Una aplicación que te ayuda a ahorrar tiempo, a organizar las clases y a mejorar la comunicación con los alumnos.

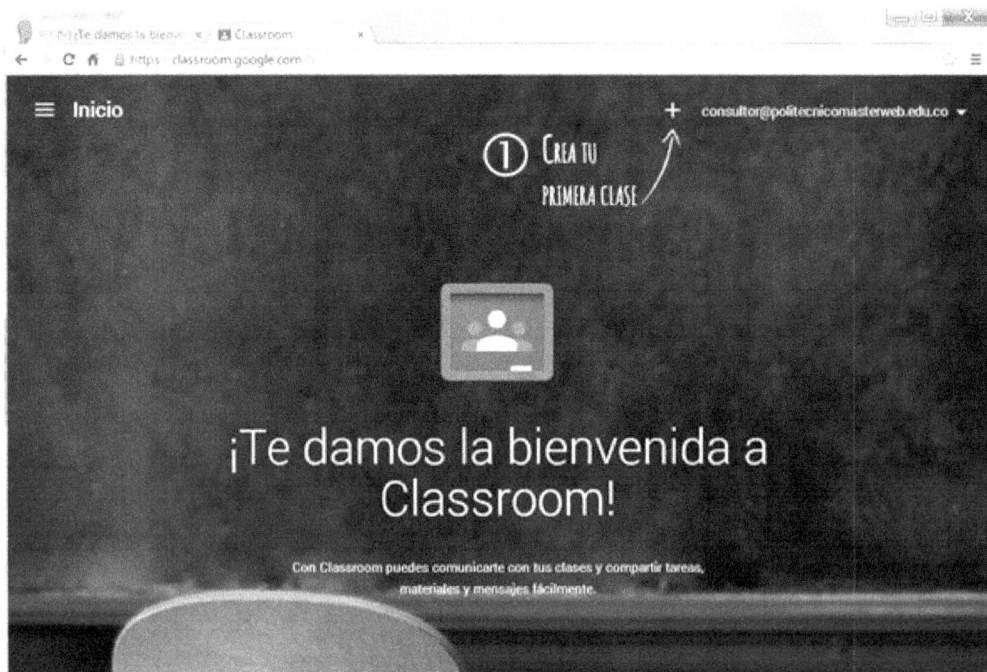

Classroom combina Documentos de Google, Drive y Gmail para ayudarte a ti como profesor a crear y organizar las tareas rápidamente, proporcionar observaciones de una forma eficaz y establecer una comunicación fluida con tus alumnos. También ayuda a tus alumnos a organizar sus trabajos en Google Drive, a completarlos y a presentarlos.

Además, les permite comunicarse directamente con el docente y sus compañeros de clase.

Puedes crear y recibir las tareas de tus alumnos sin necesidad de usar documentos en papel. Cuando creas tareas, puedes compartir un único documento o hacer automáticamente una copia del documento para cada alumno. Podrás ver rápidamente quién ha completado el trabajo y quién no, así como proporcionar observaciones directamente y en tiempo real.

Primeros Pasos en Classroom.

1. Crear una Clase.
2. Publicar Notificaciones
3. Compartir código con los alumnos.
4. Crear Tareas.
5. Enviar notificaciones.

1. Crear tu primera Clase en **Classroom**™**:**

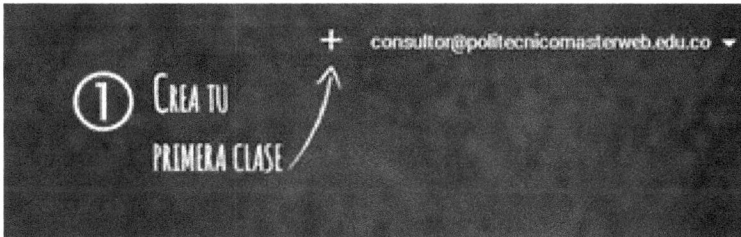

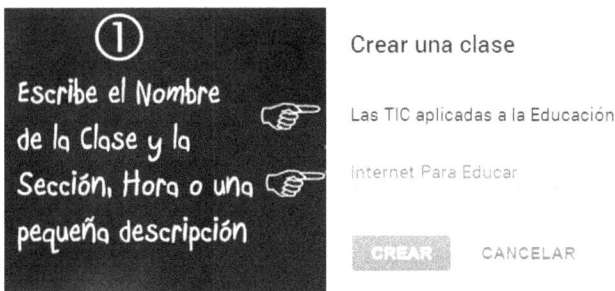

Haz Clic en el botón "**CREAR**"

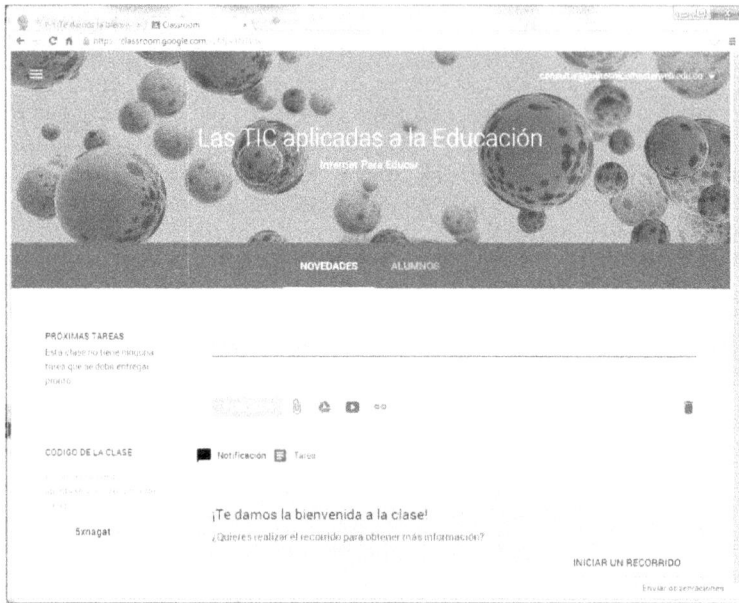

2.   Publicar Notificaciones.

Ahora puedes empezar a usar el panel de tu clase para publicar notificaciones, compartir archivos externos o desde el Drive, vídeos desde Youtube y agregar enlaces..

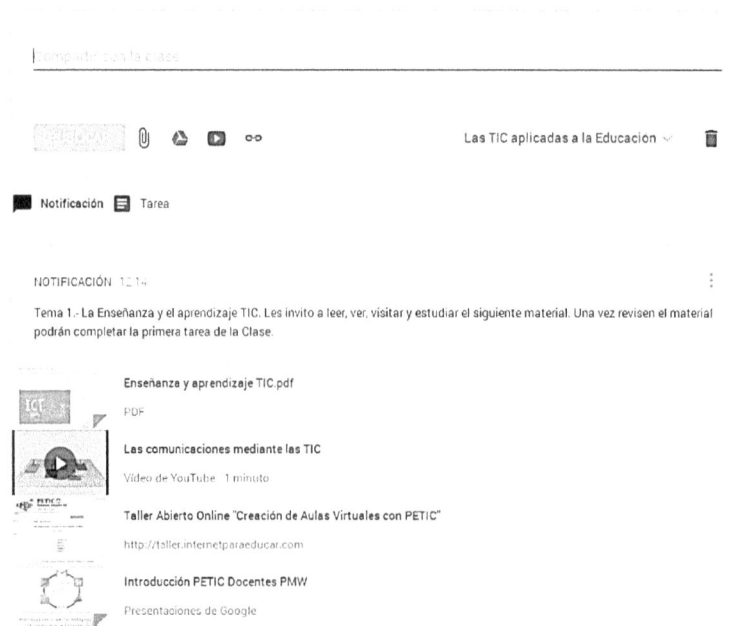

3. Compartir código con los alumnos.

Ya tienes tu primera Clase creada el siguiente paso será compartir con tus alumnos el código de tu Clase.

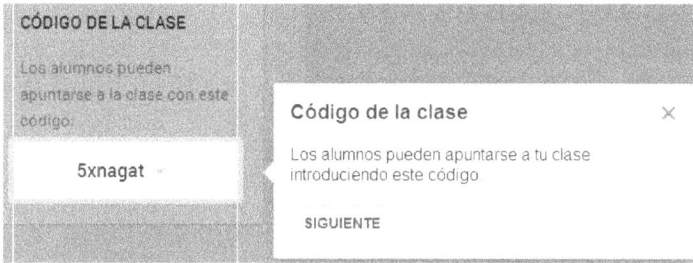

Tus alumnos podrán acceder a tu Clase en ***http://classroom.google.com*** el sistema le solicitar ingresa a sus cuentas de Google y digitando el código de la clase

4. Crear Tareas

Entender las tareas en Classroom™**:**

Classroom combina Documentos de Google, Drive y Gmail para que los profesores puedan crear y recibir las tareas sin utilizar documentos en papel. En Classroom, los profesores pueden crear una tarea, utilizarla en diferentes clases y elegir cómo la completarán los alumnos (por ejemplo, si cada alumno recibe una copia o todos trabajan con la misma copia de la tarea). El profesor puede realizar un seguimiento de los alumnos que han completado la tarea y los que no, así como proporcionar observaciones para cada alumno.

A continuación, se muestra un ejemplo del flujo de tareas con un documento de Google entre un profesor y una alumna:

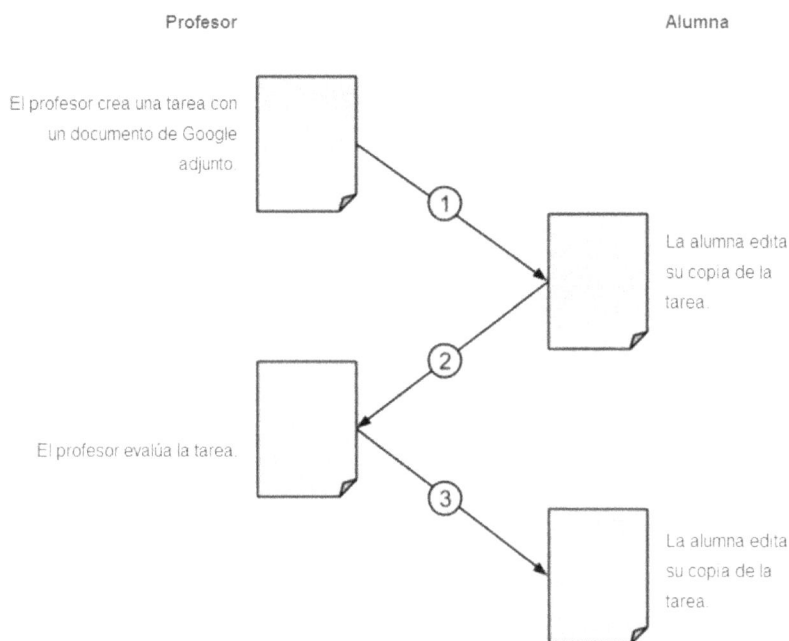

1. El profesor selecciona la opción de crear una copia del documento de Google para cada alumno y envía la tarea a la clase.
2. Cuando la alumna presenta la tarea, deja de tener acceso de edición al documento de Google, pero sigue teniendo permiso de lectura.
3. Una vez que el profesor evalúa la tarea, la alumna vuelve a tener acceso de edición, mientras que el profesor puede ver y comentar el documento.

Tanto el profesor como los alumnos pueden ver una lista de las tareas de clases pendientes y completadas. El profesor podrá ver todas las notas de la tarea y cada alumno podrá ver sus notas de las tareas completadas.

Classroom creará automáticamente carpetas en Drive para cada tarea y para cada alumno. En la página de Tareas, los alumnos pueden ver fácilmente las tareas que deben presentar. De esta forma, no se les escapará nada.

Classroom también te permite publicar notificaciones y preguntas, con lo que se mejora la comunicación tanto dentro como fuera del aula.

Ventajas para las clases:

- **Configuración sencilla:** Puedes añadir a tus alumnos directamente o proporcionarles un código para que se apunten ellos mismos. Se configura en tan solo unos minutos.
- **Ahorra tiempo:** Con un flujo de trabajo sencillo y sin necesidad de documentos en papel, puedes crear, revisar y poner nota a las tareas con rapidez desde un único lugar.
- **Mejora la organización:** Los alumnos pueden ver todas las tareas en una página específica y todos los materiales de clase se archivan automáticamente en carpetas, en su unidad de Google Drive.
- **Mejora la comunicación:** Como docente puedes usar Classroom para enviar notificaciones y preguntas inmediatamente. Los alumnos pueden publicar una entrada en las novedades y ayudar así a sus compañeros.
- **Asequible y seguro:** Al igual que el resto de los servicios de Google Apps para Educación, Classroom no contiene anuncios publicitarios, no utiliza jamás tu contenido ni los datos de tus alumnos para fines publicitarios y se ofrece de forma gratuita a los centros educativos.

Vídeo Tutorial para Aprender más acerca de Classroom™:
http://goo.gl/l7ojPO

Flubaroo: Complemento para calificación automatizada de cuestionarios.

Esta herramienta es el complemento perfecto para los Formularios de Google, te permite calificar de manera automatizada cuestionarios y enviar las calificaciones a cada uno de los correos de los estudiantes de manera automática, instalando, configurando el complemento Flubaroo.

Flubaroo es una herramienta libre. que permite ahorrar tiempo a los profesores. ya que califica rápidamente pruebas de selección múltiple y analiza los resultados de forma automatizada.

Vídeo Tutorial para Aprender más acerca de **Flubaroo**™:
http://goo.gl/4lu3j4

PhotoScape: Gestión, creación y edición de imágenes.

PhotoScape es un software gratuito de edición de fotos e imágenes que es fácil y divertido de usar que te permite corregir y mejorar las fotos de teléfono celular y cámara digital.

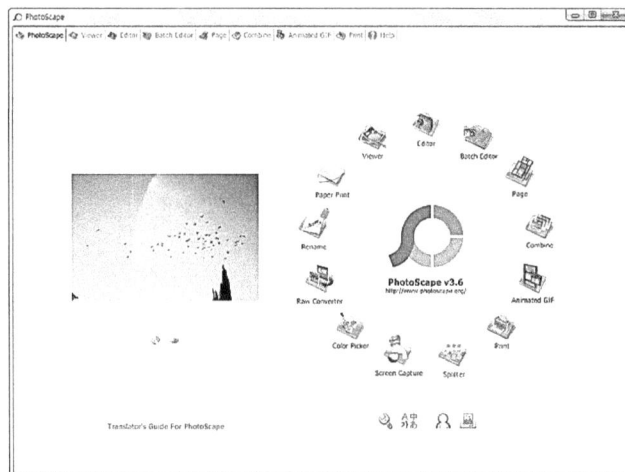

Caracteristicas principales de PhotoScape:

- *Visor:* Ver fotos e imágenes en su carpeta, crear una presentación de diapositivas.
- *Editor:* Ajuste de tamaño(Redimensionar), brillo y color, balance de blancos, corrección de contraluz, cuadros, globos, modo mosaico, añadir texto, dibujar, recortar, filtros, eliminación de ojos rojos, floración, Brocha, clonar área, efecto de brocha.

- *Editor por Lotes:* Lote editar múltiples fotos.
- *Página:* Combinar varias fotos e imágenes en el marco de página para crear una foto final.
- *Combine:* Adjuntar varias fotos vertical u horizontalmente para crear una foto final.
- *GIF animado:* Usar múltiples fotos para crear una foto animada finales.
- *Divisor:* Cortar una foto en varios trozos.
- *Captura de pantalla:* Capturar tu pantalla y guardarlo.
- *Selector de Color:* Zoom en las imágenes, buscar y escoger un color.
- *Renombrar:* Cambiar nombres de archivo de fotos en modo por lote.

Vídeo Tutorial para Aprender más acerca de **PhotoScape**™:
http://goo.gl/qk8pBI

Índice General

- Accede a tu Unidad de almacenamiento en la Nube: Google Drive.
- Organiza los documentos en tu unidad de Drive.
- Crea tus documentos de Google Docs en tu unidad de Drive.
- Subir archivos de otros formatos a tu unidad de Drive.

2.2.4 Administra tus Grupos de estudiantes con la aplicación Grupos de Google y controla el acceso de los contenidos de tu Aula virtual.

- Crear Grupos o Foros en Google Groups.

2.2.5 Obtén Tu Plataforma Educativa PETIC completamente operativa en la nube para tu Aula virtual.

- Obtener la Plataforma Educativa TIC [PETIC] a través de la plantilla pública PETIC en Google Sites.

Capítulo 3   *Página 45*

Compartir e insertar los contenidos del Curso en tu Aula virtual mediante la Integración de las Aplicaciones con la Plataforma Educativa TIC (PETIC).

3.1 Configurar permisos para visualización de los contenidos del curso en PETIC desde la unidad del Drive.

- Compartir con el Grupo de estudio las Carpetas con los contenidos alojados en "Mi Unidad" de Drive, para que los alumnos puedan luego visualizarlos en PETIC.

3.2 Insertar y editar los Contenidos de tu Curso o materia en las páginas y lecciones de Tu Aula virtual [PETIC].

3.2.1 Editar Portal de Bienvenida al Aula virtual

- Cómo Insertar Imágenes en las páginas del Aula virtual.
- Cómo Insertar enlaces a un Sitio Web en las páginas del Aula virtual.
- Cómo Insertar Vídeos desde Youtube en las páginas del Aula virtual.
- Cómo hacer Anuncios en la página de Bienvenida.

3.2.2 Editar e Insertar contenidos en las lecciones de Tu Aula virtual.

- Alimentar las páginas de lecciones insertando contenidos para tu curso o materia educativa.

- Cómo Insertar presentaciones y visualizarlas directamente en las páginas del Aula virtual.
- Cómo Insertar documentos y visualizarlos directamente en las páginas del Aula virtual.
- Usar los botones de Añadir Archivo, Añadir enlace y Añadir desde Drive.
- Cómo añadir y organizar archivos directamente a una página
- Cómo Insertar enlaces a documentos de formatos diferentes a Google docs desde el Drive o desde una URL en las páginas del Aula virtual.

3.2.3 Crear nuevas páginas para contenidos en Tu Aula virtual.

- Insertar índices con enlace automático "Listado a subpáginas" nuevas en las páginas principales.
- Crear páginas nuevas y clasificarlas como subpáginas.
- Configurar y Agregar la página nueva al menú de la barra lateral de enlaces a las páginas de contenidos.
- Cómo crear páginas principales, para Periodos o Módulos, Semanas.

Capítulo 4   *Página 87*

Compartir y otorgar permisos de acceso a Tu Aula virtual a nivel de páginas

4.1 Compartir y otorgar permisos de acceso a Tu Aula virtual a nivel de páginas.

- Compartir los contenidos de tu curso o materia en tu Aula virtual [P.E.T.I.C.] a nivel de páginas con el Grupo o Grupos de estudio.

4.2 Crear Mensaje de Bienvenida y enlace a Tu Aula virtual en el Grupo de estudio.

- Dar aceso Tu Aula virtual [P.E.T.I.C.] a través del Grupo de estudio.

Capítulo 5   *Página 97*

Actividades y Tareas en el Aula Virtual PETIC.

5.1 Actividades y Tareas en el Aula Virtual.

- Implementación de tareas mediante Documentos compartidos para desarrollo individual o Grupal
- Implementación de cuestionarios mediante la herramienta Formularios.
- Formulario para Reporte de respuestas a las Actividades y Tareas propuestas en el Aula virtual.
- Implementación de Glosario de términos para edición compartida, mediante la plantilla Glosario.

- Crear y compartir el Glosario de términos con PETIC, a través de la plantilla pública "Glosario PETIC" en Google Sites.
- Compartir, Alimentar y Editar el Glosario de términos PETIC de tu curso.

Anexos y complementos   *Página 119*

- Classroom™: Herramienta de tareas.
- Flubaroo: Complemento para calificación automatizada de cuestionarios.
- PhotoScape: Gestión, creación y edición de imágenes.

Referencias bibliográficas online.

Google Apps Educación -< *http://www.google.com/intx/es-419/enterprise/apps/education*>
Classroom - <*http://classroom.google.com*>
Flubaroo – <*http://flubaroo.com*>
PhotoScape – <*http://photoscape.org*>

Taller "Creación de Un Aula Virtual con PETIC" – <*http://taller.internetparaeducar.com*>
Internet para Educar - <*http://www.internetparaeducar.com*>
Diplomado TIC - < *http://diplomadotic.editorblogger.com*>

Colección "Guías PrácTIC@s WillVeRu"

Creación de Aulas Virtuales con PETIC, TIC TAC Paso a Paso…
Con la Tecnología de Google. Primera Edición 2014

Próximas Publicaciones de la Colección:

Tu Oficina en la Nube, Gestión de Documentación y Archivos, Paso a Paso…
Con la Tecnología de Google Apps.

Crea tu Periódico Estudiantil online con EditorBlogger.com, Paso a Paso…
Con la Tecnología de Google.

Crea tu Sitio Web Empresarial con EditorBlogger.com, Paso a Paso…
Con la Tecnología de Google.

El mejor consejo... **PrácTIC@r y Pr@cTICar**, así es como se forman los "Maestros Expertos TIC" del Siglo 21.

El Autor

"Tecnólogo en Sistemas de Información"

Universidad Antonio Nariño Colombia

CERTIFICADOS

- Curso "Tecnologías Educativas" - 2013 - Miriadax - Universidad Politécnica de Valencia.
- Curso "Educación digital del futuro" 2013 - Miriadax -Universidad Carlos III de Madrid.
- Curso "Innovación y emprendimiento. El nuevo paradigma del S.XXI" 2014 - Miriadax -Universidad Europea de Madrid

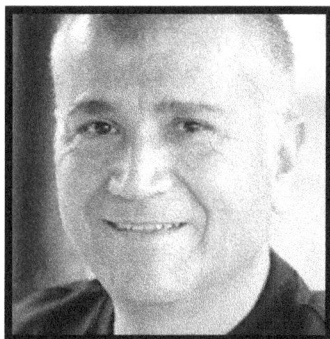

William de Jesús Vélez Ruíz [WillVeRu]

- "Empresario Digital en Competencias TIC" - 2014 – Programa MinTIC – Universidad Nacional Abierta y a Distancia UNAD Colombia.

EXPERIENCIA PROFESIONAL TIC:

- Director y Editor Web del Portal www.InternetParaEducar.com
- Autor de la Plantilla: Plataforma Educativa TIC [PETIC]
- Editor y Tutor Web de la Plataforma Educativa: Diplomado TIC "Creación de Aulas Virtuales con la Tecnología de Google Apps Educación".
- Director y Editor Web del G.E.W.E.B. Grupo Editorial Web EditorBlogger.com
- Editor Web de los Periódicos Regionales en Colombia:
  VALLE DEL CAUCA: El Periódico de Nuestra Región www.ElPeriodicoWeb.com
  SANTANDER: Periódico Chicamocha News - www.ChicamochaNews.net

---

Libro **Creación de Aulas Virtuales Con PETIC** *TIC TAC Paso a Paso… Con la Tecnología de Google.* Hace parte de la **Colección: "Guías Prácticas WillVeRu"**

ISBN 978-958-46-4922-5

ISBN 978-958-46-4922-5 (Versión Impresa)

ISBN 978-958-46-4923-2 (Versión E-Book)

Adquirir copias de esta Guía Práctic@ WillVeru

Para comprar o solicitar copias Impresas y en formato digital E-Book del Libro "Creación de Aulas Virtuales con PETIC, TIC TAC Paso a Paso con la Tecnología de Google"

Visita:

- *www.InternetParaEducar.com*

- *www.Amazon.com*

- *www.AutoresEditores.com/libreria-virtual.html*

Los Docentes inscritos en el Taller abierto online "Creación de Aulas Virtuales con PETIC" podrán obtener su **CERTIFICACIÓN** mediante el **Diplomado "*Docentes TIC Siglo 21*"** para mayor información visita:

- *Taller.InternetParaEducar.com*

TUS ANOTACIONES ESPECIALES

www.ingramcontent.com/pod-product-compliance
Lightning Source LLC
Chambersburg PA
CBHW081213020426
42331CB00012B/3009